Ohne Hochachtung …

Über den Autor

Karl-Hermann Vahle wurde 1955 in Sandesneben, Schles-
wig-Holstein, geboren. Er absolvierte zunächst eine Be-
rufsausbildung zum Elektromechaniker. Ein Studium des
Flugzeugbaus an der Fachhochschule Hamburg schloss er
mit dem akademischen Grad Diplom-Ingenieur ab. Im
Anschluss nahm er seine berufliche Tätigkeit als Projekt-
Ingenieur bei MBB (später Deutsche Airbus GmbH) in
Hamburg-Finkenwerder auf.

Vahle lebt auf einem Bauernhof in Siek, der bis 1971
von seinen Eltern als landwirtschaftlicher Betrieb geführt
wurde. Heute unterhält er den Besitz als Resthof mit Tie-
ren, Stall und Weide. In seiner Heimatgemeinde war er 23
Jahre als Gemeindevertreter kommunalpolitisch tätig. Er
liebt romantische Klaviermusik und ist wissenschaftlich
und philosophisch interessiert.

Karl-Hermann Vahle

Ohne Hochachtung

...

Eine kritische Sicht
auf
Politik und Gesellschaft

Bibliografische Information der Deutschen Nationalbibliothek:

Die Deutsche Nationalbibliothek verzeichnet diese Publikation in der Deutschen Nationalbibliografie; detaillierte bibliografische Daten sind im Internet über http://dnb.dnb.de abrufbar.

© 2023 Karl-Hermann Vahle

Herstellung und Verlag: BoD – Books on Demand, Norderstedt

ISBN: 978-3-7557-5328-5

Dem Andenken meiner Eltern gewidmet

Inhaltsverzeichnis

II

Einleitung

Seit jeher haben Menschen Großes im Sinn und setzen sich hohe Ziele. Alle streben nach idealen Verhältnissen, alles soll besser werden. Wir wollen vieles erreichen: höhere Bildung, steigenden Wohlstand, gerechtere Sozialsysteme, mehr Frieden in der Welt. Aber auf unserem Marsch in eine bessere Zukunft verlieren wir schnell die Orientierung. Wir meinen, den Weg zu kennen, schaffen es aber nicht, in der Spur zu bleiben. Wir geraten auf Nebenschauplätze, doch das Naheliegende wird nicht getan. Das Erreichte hinkt unseren Ansprüchen weit hinterher – die Ziele werden verfehlt. Was ist schiefgelaufen?

Unser Scheitern hat meistens einen einfachen Grund: Wir tun nicht das, was wir eigentlich für richtig halten. Wir drücken uns drum herum, Probleme an den Wurzeln zu packen. Stattdessen suchen wir nach Ersatzlösungen oder doktern an Symptomen herum. Aber die eigentlichen Grundübel bleiben oft unangetastet. Denn konsequentes Handeln unter Beachtung allgemeingültiger Prinzipien passt uns häufig nicht ins Konzept. Wir müssten umdenken, wenn nicht gar unseren durchgeplanten Lebensentwurf überprüfen. Doch wer lässt sich schon gerne auf so einen Handel ein. Die Menschen sind genetisch auf persönlichen Erfolg programmiert, nicht auf nachhaltigen Erfolg der Allgemeinheit. Die Unterordnung der eigenen Interessen zugunsten einer zukunftsfähigen Welt ist unpopulär und steht im Gegensatz zu den Konventionen einer karriereorientierten Gesellschaft.

Warum halten die Menschen den Dauerstress für eine üble Erscheinung unserer Zeit, machen sich aber selbst durch ihre ständige Erreichbarkeit über die neuen Kommunikationsmedien zu Mitgliedern einer getriebenen Gesellschaft?

Alle wissen, dass die ersten Lebensjahre eines Kindes in der Geborgenheit eines vertrauten Elternhauses entscheidend für seine zukünftige Entwicklung sind. Trotzdem geht der Trend dahin, Kinder schon im Säuglingsalter in die Krippe zu geben.

Jeder, der eins und eins zusammenzählen kann, weiß, dass ein fortwährendes Wachstum in einem begrenzten Umfeld ins Chaos führen muss. Doch sehen die meisten Menschen im dauerhaften Wachstum die Voraussetzung für Wohlstand und Fortschritt.

Die Reihe von Thesen und Antithesen ließe sich beliebig fortsetzen, die Menschen handeln offensichtlich wider besseres Wissen. Elementare Grundsätze werden zwar allgemein bejaht, aber bitteschön nur dort, wo eigene Interessen nicht berührt werden. Außerdem ist es unbequem, sich mit eigener Denkweise gegen den allgemeinen Trend zu stellen. Diesen Mut bringen nur wenige Menschen auf. Schwimmt man gegen den Mainstream, gerät man leicht ins gesellschaftliche Abseits. Querdenker ziehen zwar leicht die Aufmerksamkeit auf sich, aber nur selten die Akzeptanz.

Ein Prinzip der wissenschaftlichen Arbeit ist es, einen gegebenen Sachverhalt mit so wenigen Parametern wie möglich hinreichend zu beschreiben. Im übertragenen Sinne sollte dieses Prinzip auch für das individuelle sowie gemeinschaftliche Leben gelten. Weniger Kompliziertheit – mehr Einfachheit, weniger Ausnahmen – mehr Allgemeingültigkeit, weniger Heuchelei – mehr Ehrlichkeit.

Ein Bundespräsident dürfe kein Vereinfacher sein – so Frank Walter Steinmeier anlässlich seiner Nominierung für das Amt des Bundespräsidenten. Gemeint hat er wohl, dass er weder pauschalisieren, polarisieren noch ideologisieren werde. Ein guter Vorsatz, aber warum sagt er es denn nicht mit diesen Worten? Stattdessen rückt er den Begriff „Vereinfachung" in ein schlechtes Licht. Im eigentlichen Sinne des Wortes bedeutet Vereinfachung aber so viel wie Verdeutlichung und Veranschaulichung und ist daher positiv zu bewerten. Gerade die Politik sollte sich auf diese Eigenschaft als Grundlage ihres Handelns besinnen. Und gerade die Demokratie ist auf ein einfaches und eindeutiges Regelwerk als Voraussetzung für ihre Stabilität angewiesen. Denn die kompromissorientierte Politik einer Demokratie läuft ohnehin Gefahr, praktikable und effiziente Lösungen zu blockieren – eine prinzipielle Schwäche demokratischer Strukturen.

Aufs falsche Pferd gesetzt

Seit es Menschen auf der Welt gibt, entwickeln sie ihre sozialen, kulturellen und wirtschaftlichen Umfelder. Am Anfang haben sich übergeordnete Prinzipien ergeben, aus denen dann detaillierte Strukturen abgeleitet wurden. Damit wurden Weichen gestellt, die den Zug der Entwicklung auf ein Gleis geleitet haben, das nur noch schwer oder gar nicht mehr gewechselt werden kann. Infolgedessen bleiben viele Grundkonzepte erhalten, obwohl sie aufgrund geänderter Gegebenheiten nicht mehr zukunftsweisend sind. Die Menschen müssen mit Konzepten leben, die, einmal auf den Weg gebracht, für immer Bestand haben. Dieser etwas abstrakt klingende Sachverhalt soll im Folgenden an zwei Beispielen erläutert werden:

Verkehrswegekonzept

Der Mensch als beseeltes Lebewesen hat das Vermögen zur koordinierten Ortsbewegung. Anfangs lief er quer durch die Landschaft, um sein Ziel zu erreichen. Irgendwann merkte er dann, dass es bequemer ist, immer wieder die gleiche Route zu nehmen, nämlich die des geringsten Widerstandes. Daraus sind dann im Laufe der Zeit Wege und Straßen entstanden, die für beide Richtungen benutzt wurden. Begegnungen waren auch nicht weiter problematisch, solange es sich um Fußgänger, Ochsenkarren und Pferdegespanne handelte.

Heute aber bewegt sich der Verkehr auf den Straßen mit erheblich größeren Geschwindigkeiten. Das Konzept der Verkehrswege mit Gegenverkehr hat sich jedoch nicht verändert. Infolgedessen begegnen sich heutzutage Fahrzeuge auf Landstraßen mit relativen Geschwindigkeiten von bis zu 200 km/h – die Einhaltung des Tempolimits von 100 km/h mal vorausgesetzt. Und das bei einem Abstand von nur wenigen Metern. Ganz zu schweigen von der Gefahr beim Überholen auf der Spur des Gegenverkehrs. Kleinste Unachtsamkeiten oder Lenkfehler führen hier oft zu schweren Unfällen. Wie könnte man dieses Gefahrenpotential entschärfen?

1.   Man ändert das Verkehrswegekonzept so ab, dass es keine Gegenverkehre mehr gibt:

Mit den Autobahnen hat man da einen ersten Ansatz gemacht. Das gesamte Straßennetz auf diese Konzeption umzustellen, wird jedoch nicht realisierbar sein. Das anfängliche Konzept der Straßen mit Gegenverkehr bleibt also bestehen, obwohl es sich mit Hinblick auf das enorme Unfallpotential eigentlich verbietet.

2.   Man schaltet das durch menschliches Versagen bedingte Risiko aus, indem man die Lenkung des Fahrzeuges einer ausgereiften Automatik überlässt:

Diese Technik wird irgendwann kommen, aber eine mächtige Auto-Lobby wird darauf achten, dass der Mensch die „Lenkungshoheit" über sein Fahrzeug nicht verliert. Ist doch das selbstbestimmte Fahren ein

Argument zur Rechtfertigung des Individualverkehrs.

3.   Die Maximalgeschwindigkeiten auf den Straßen werden so weit reduziert, dass Kollisionen im Gegenverkehr keine fatalen Folgen hätten:
Diese Möglichkeit hat aufgrund des zunehmenden beruflichen und wirtschaftlichen Wettbewerbs keine Aussicht auf Realisierung.

4.   Man stellt den Individualverkehr in seiner Gesamtheit in Frage:
Völlig undenkbar. Der Individualverkehr ist unverzichtbar für das Funktionieren des freien Marktes und sichert hunderttausende von Arbeitsplätzen. Den Individualverkehr in einer Zeit in Frage zu stellen, in der händeringend nach Möglichkeiten zur Intensivierung des wirtschaftlichen Wachstums gesucht wird, verbietet sich von selbst.

Also wird man auch weiterhin mit dem Gefahrenpotential leben müssen, das vom Individualverkehr in Verbindung mit unserem Straßensystem ausgeht. Unvorstellbar, die Menschen haben ein System der Mobilität entwickelt, in dem eine Gefahr für Gesundheit und Leben billigend in Kauf genommen wird.
Das gilt natürlich genauso für den Schienenverkehr. Das Eisenbahnunglück von Bad Aibling am 9. Februar 2016 hat auf schreckliche Weise gezeigt, welche Gefahren in der Eingleisigkeit für beide Fahrtrichtungen lauern. Bei einem frontalen Zusammenprall zweier Züge auf eingleisiger Strecke wurden 11 Menschen getötet,

85 wurden verletzt. Wie immer nach solchen Katastrophen wird mit Nachdruck nach der Unfallursache und nach etwaigen Schuldigen gesucht. Aber auch wenn sich menschliches Versagen als Ursache herausstellen sollte, bleibt das nur eine vorgeschobene Erklärung. Wo Menschen arbeiten, passieren leider auch Fehler, das liegt in der Natur der Sache. Die eigentliche Ursache für dieses Unglück liegt aber in der eingleisigen Streckenführung für beide Fahrtrichtungen.

Der Zweck des Geldes

Vor der Einführung des Geldes als Zahlungsmittel gab es den Tauschhandel als Grundprinzip geschäftlicher Beziehungen. Wenn man einen bestimmten Gegenstand erwerben wollte, musste man im Gegenzug etwas zum Tausch anbieten, das sich im eigenen Besitz befand. Das waren in der Regel Dinge, die aufgrund persönlicher Fähigkeiten selbst hergestellt wurden. Nach und nach entstanden so die handwerklichen Berufe. Eine positive Begleiterscheinung dieser Geschäftsgrundlage war, dass sich niemand mit einer größeren Menge bestimmter Güter eindeckte, als er für sich selbst oder seine Familie benötigte. Maßlose Bereicherung machte keinen Sinn, denn für den Überfluss gab es keine Verwendung. Und man musste für jeden begehrten Artikel ja auch eine wertgleiche Sache in den Handel einbringen.

Die Einführung des Geldes spaltete die Gesellschaft in zwei Klassen: Die arbeitende Klasse, die mit der

Herstellung und dem Verkauf von Gütern oder Dienstleistungen ihren Lebensunterhalt verdiente. Und die Klasse des Geldadels, die ihr Vermögen „arbeiten" ließ und so ihren Reichtum stetig vermehrte. Das wiederum verschaffte ihr Einfluss und Macht in Gesellschaft und Politik. Den arbeitenden Menschen redete man ein, sie könnten es ebenfalls zu Reichtum bringen. Sie müssten ihre Produkte und Dienstleistungen nur billiger anbieten als andere. So entstand das Konkurrenzdenken. Ein interner Kampf der arbeiteten Klasse zum Vorteil der besitzenden Klasse. Ein perfider Mechanismus, mit dem bis heute das arbeitende Volk getäuscht wird.

Das existenzielle Dasein der produktiven und der nicht produktiven Bevölkerung grenzte sich zunehmend voneinander ab. Die soziale Stellung und das Ansehen in der Gesellschaft definierten sich nicht mehr über Fleiß und Können, sondern über Cleverness und geschäftlicher Raffinesse – eine gesellschaftspolitische Fehlentwicklung.

Das Geld als Zahlungsmittel ist aus unserem Leben nicht mehr wegzudenken. Das Geld ermöglicht den Menschen den Zugriff auf Güter, die für sie auf Basis des Tauschhandels nicht erreichbar wären. Das ist der entscheidende Vorteil des Geldes als sachunabhängiger Vermögenswert. Geld ist ein Zahlungs- und Tauschmittel und bildet einen fiktiven Gegenwert zu einer Sache.

Kredit- und Börsengeschäfte, also der Handel mit Geld und Währungen, stellen dagegen eine Zweckentfremdung des Geldes dar. Das Geld ist nicht mehr

Gegenwert einer Ware, sondern wird zur Ware selbst. Finanzdienstleister verschaffen sich mit Hilfe von sogenannten „Finanzprodukten" Zugriff auf Bankguthaben und Spareinlagen. Die Gelder werden dann an Dritte verliehen, die diese Kredite dann mit Zinsen bedienen müssen. Die immer wieder gehörte Rechtfertigung für derartige Geldgeschäfte, auf diese Weise Menschen helfen zu wollen, ist reine Heuchelei. Kreditgeschäfte dienen einzig und allein dazu, über ein parasitäres System von Zins und Zinseszins das vorhandene Kapital in einer Gesellschaft von „unten" nach „oben" umzuverteilen. Am oberen Ende dieser Kette stehen die Finanzeliten dieser Welt, am unteren Ende die Verlierer unserer Gesellschaft. Dieses „Geschäftsmodel" ist der eigentliche Grund für die permanente Vergrößerung der ökonomischen und sozialen Diskrepanz zwischen Arm und Reich. Der Mann an der Werkbank weiß nicht, wie er seine Familie über den nächsten Monat bringen soll, und profitwitternde Banken locken ihn dann auch noch in die Schuldenfalle.

Darüber hinaus ist so ein verfehlter Gebrauch des Geldes im ökonomischen Sinne als Betrug zu werten. Kreditgeschäfte tragen primär nämlich nichts zum Bruttosozialprodukt bei. Die Finanzeliten dieser Welt schaufeln Geld auf ihre Konten, ohne den geringsten Gegenwert dafür zu schaffen. Und was unternimmt die Politik gegen diesen Missbrauch? Gar nichts, unsere freiheitlich – demokratische Grundordnung lässt das zu.

Die ehemalige Bundeskanzlerin Frau Dr. Merkel forderte auf dem Welt-Frauen-Gipfel in Berlin im Rahmen

der deutschen G20-Präsidentschaft 2017 mehr Klein-
kredite für Frauen in den Entwicklungsländern. Welch
widerlicher Gedanke, jetzt auch noch die ohnehin be-
nachteiligten Menschen in den Entwicklungsländern in
die wirtschaftliche Abhängigkeit von Kreditsystemen
lotsen zu wollen. Nichts offenbart mehr die scheußliche
Verschmelzung von Staatspolitik und Finanzwelt.

In der islamischen Welt gibt es das Zinsverbot, aus
dem Verleih von Geldern dürfen keine Renditen erwirt-
schaftet werden. In diesem Kontext ist die islamische
Lehre dem westlichen Wertekonsens überlegen. Sicher-
lich ist auch dies ein Grund für die Zerwürfnisse zwischen den westlichen Staaten und der islamischen Welt.
Und wie verfährt die christliche Kirche als westliche
Moralinstanz in dieser Angelegenheit? Auch sie hatte
einmal das Zinsprinzip als Einnahmequelle abgelehnt.
Leider hat die Kirche diesen Grundsatz verworfen.

Topmanager in Industrie und Bankgewerbe erhalten oft Jahresgehälter, für die unser Mann an der Werkbank hunderte Jahre arbeiten müsste. Diese völlig un-
verhältnismäßigen Bezüge lassen sich objektiv nicht
begründen. Kein Mensch kann eine Leistung erbringen,
die ein Gehalt von 10 Millionen Euro jährlich rechtfertigen würde. Auch der Hinweis auf die so übergroße
Verantwortung für Konzern und Belegschaft erweist
sich als Pseudobegründung. Fehlentscheidungen führen allenfalls zur Auflösung des Arbeitsvertrages, was
in der Regel noch mit der Zahlung einer segensreichen
Abfindung einhergeht.

Die Entartung des Geldes vom Tauschmittel hin zum Handels- und Spekulationsobjekt hat in der modernen Gesellschaft zu tiefen moralischen Verwerfungen geführt. Aber nicht die Existenz des Geldes an sich ist der Grund dafür, sondern die maßlose, dem Menschen innewohnende Gier. Schon Mahatma Gandhi formulierte treffend: „Die Welt hat genug für jedermanns Bedürfnisse, aber nicht genug für jedermanns Gier." Es wäre Aufgabe der Politik als regulierende Kraft gewesen, dieser Gier Einhalt zu gebieten und einen moralisch vertretbaren Umgang mit dem Geld zu ermöglichen. Dann hätte die im Grunde geniale Idee eines universellen „Vermögensträgers" sich zum Vorteil für die ganze Gesellschaft entwickeln können. Aber die Politik hat in dieser fundamentalen Angelegenheit völlig versagt. Sie hat es nicht geschafft, den Gebrauch des Geldes auf seinen eigentlichen Zweck als Tauschmittel zu begrenzen und seinen Missbrauch zur Vermehrung des Reichtums aus sich selbst heraus zu verhindern.

Politik – der Weg in den Abgrund

Wie lässt sich Politik beschreiben? Ganz einfach: Die Politik verkauft das Volk für dumm, versinkt im Korruptionssumpf, versagt auf ganzer Linie und legt alle paar Jahrzehnte die Welt in Schutt und Asche. Das ist zu drastisch formuliert, sagen Sie? Also gut, man kann es auch weniger bissig ausdrücken: Die Weltpolitik erhebt den Anspruch, die Voraussetzungen für eine friedliche Koexistenz der Völker auf unserem Erdball zu schaffen. Sie sieht sich als Friedensstifter und Löser von Menschheitsproblemen. Doch genügt die Realität diesem Anspruch? Wohl kaum, eher das Gegenteil ist der Fall: Die Politik selbst ist Ursache der Menschheitsprobleme. Zählt man Kriege zu den größten Übeln der Menschheit, muss man dieser Auffassung zustimmen. Denn Kriege, die ihre Ursache in unterschiedlichen Weltanschauungen haben, sind ohnehin politisch motiviert. Und Kriege, mit denen hegemoniale oder territoriale Ansprüche durchgesetzt werden sollen, gehen auf entsprechende politische Willensbildungen zurück. In beiden Fällen waltet die Politik als Auslöser der Konflikte. Es ist deshalb völlig abwegig zu behaupten, die Politik wäre um den Weltfrieden bemüht.

Auch die Frage nach der Kriegsschuld ist müßig, zumindest im Falle der ideologisch motivierten Konflikte. Alle großen ideologischen Systeme erheben für sich den Anspruch auf die „edleren" politischen und gesellschaftlichen Strukturen. Daraus leitet sich der jeweilige Führungsanspruch der Weltmächte ja gerade ab.

Gegenseitige Schuldzuweisungen am Ausbruch eines Krieges sind deshalb irrelevant. Sie dienen nur als Vorwand zur Rechtfertigung der eigenen Kriegsabsicht.

Nukleare Mächte

Jedes Mal, wenn Nordkorea wieder einen Atomtest durchgeführt oder eine Trägerrakete getestet hat, entrüstet sich die Völkergemeinschaft, insbesondere die der westlichen Welt. Nach ihrer Auffassung verstößt Nordkorea mit diesen Tests gegen das Völkerrecht und Auflagen der Vereinten Nationen. Mit ähnlicher Empörung würde man reagieren, wenn es sich um iranische Tests handeln würde. Diese Länder werden diktatorisch regiert und man wirft ihnen vor, andere Regionen zu provozieren und durch aggressives Verhalten die Stabilität der Weltgemeinschaft zu gefährden. Solche Länder werden von US-Amerika als „Schurkenstaaten“ bezeichnet – ein Begriff aus Zeiten der Bush-Regierung. Hierzu zählen Länder, die sich dem Einfluss der westlichen Welt widersetzen und allen Verhandlungen mit ihr eine Absage erteilen. In Konsequenz werden sie von der westlichen Welt, insbesondere von den USA, sanktioniert. Doch mit welcher Begründung eigentlich? Sind Atomtests und Raketenstarts das Vorrecht einiger weniger Staaten? Und wenn ja, welcher Staaten?

Nach dem Atomwaffensperrvertrag gehören die USA, Russland, Frankreich, Großbritannien und China zu den offiziellen Atommächten. Diese Länder waren schon vor 1967 im Besitz von Kernwaffen und sind zugleich die Vetomächte der Vereinten Nationen. Darüber hinaus zählen Israel, Indien, Pakistan und seit 2005 auch Nordkorea zu den faktischen Atommächten. Diese vier Staaten haben den Atomwaffensperrvertrag nicht unterzeichnet, und Israel hat bis heute nicht zugegeben, im Besitz von Kernwaffen zu sein. Die Weltgemeinschaft hat sich inzwischen daran gewöhnt. Nun soll aber unbedingt verhindert werden, dass über die fünf offiziellen Atommächte hinaus weitere Länder an der Entwicklung kerntechnischer Anlagen arbeiten. Insbesondere gilt das für den Iran, der behauptet, nur an der friedlichen Nutzung der Kernenergie interessiert zu sein. Ob man das nun glaubt oder nicht – mit welchem Recht soll es autonomen Staaten untersagt werden, die Kernkraft zu nutzen? Will man ihnen auch die Forschung auf diesem Gebiet verbieten? Das ist wohl kaum begründbar, auch wenn die Vereinten Nationen das gerne so hätten.

Ausgerechnet die fünf Staaten, die schon vor 1967 zu Atommächten wurden, wollen anderen Ländern jetzt verbieten, an der Nutzung der Kernenergie zu arbeiten. Als Begründung wird auf die Gefahr hingewiesen, die von diesen Ländern ausginge, wenn sie in den Besitz von Atomwaffen kämen. Dabei waren es doch die USA, die als erste und bisher einzige Großmacht Atombomben gegen zivile Ziele eingesetzt haben. Mit je einer Atombombe wurden im August 1945 die beiden japanischen Städte Hiroshima und Nagasaki zerstört. Die Wirkung auf die nicht gewarnte Bevölkerung war verheerend. Insgesamt starben ca. 100.000 Menschen auf der Stelle, weitere 130.000 erlagen in den nächsten

Monaten ihren schweren Verletzungen. Auch wenn mit diesem Atomschlag die Kapitulation Japans erzwungen und damit der 2. Weltkrieg beendet wurde, bleibt diese Aktion der USA aus moralischer Sicht umstritten. Die schon oft gehörte Begründung, ein langwieriger und aufreibender Bodenkrieg hätte noch mehr Opfer gefordert, kann diesen infernalischen Schlag gegen die ahnungslose Zivilbevölkerung nicht rechtfertigen. Man hätte die Möglichkeit gehabt, die Zerstörungskraft einer Atombombe im Beisein einer japanischen Delegation zu demonstrieren. Oder man hätte als „Schuss vor den Bug" eine Atombombe auf unbesiedeltes Gebiet abwerfen können. Aber die USA wollten ein nukleares Experiment durchführen, ein Test unter Realbedingungen. Somit bleibt der Abwurf der beiden Atombomben ein zynischer Akt, ein Verbrechen gegen die Menschlichkeit.

Sicher, eine breite Streuung von Atomwaffen führt kaum zu mehr Sicherheit in unserer Welt. Dennoch, ein moralisch verbrieftes Recht auf privilegierten Besitz von Kernwaffen gibt es nicht. „Ich habe – aber du darfst nicht haben", steht im Widerspruch zum Recht aller Länder auf autonome Selbstbestimmung. Es ist schon fragwürdig genug, dass Atommächte aus ihrer militärischen Überlegenheit heraus einen Führungsanspruch innerhalb der Völkergemeinschaft ableiten.

Neue Weltordnung?

Der Krieg in Afghanistan 2001 wurde noch glaubhaft damit begründet, die Taliban-Regierung entmachten zu wollen und die Terrororganisation Al-Qaida zu bekämpfen. Schließlich sah man in Al-Qaida die Urheber der Terroranschläge vom 11. September 2001. Spätestens seit dem zweiten Irakkrieg 2003 ist die Welt aber aus den Fugen geraten. Dieser Krieg war eine völkerrechtswidrige Militärinvasion unter Führung der USA und Großbritanniens. Die Begründung für den Krieg, der Irak würde Massenvernichtungswaffen herstellen und damit die Welt bedrohen, stellte sich als Lüge der Bush-Regierung heraus. Mit dieser Unterstellung sollte in der Welt eine breite Zustimmung für einen Krieg gegen den Irak gewonnen werden. In Wahrheit ging es aber darum, sich durch den Einmarsch den Zugriff auf die irakischen Ölvorkommen zu sichern. Um die westliche Welt auf einen Krieg gegen den Irak einzuschwören, war jedes Mittel recht. In den Medien wurde permanent Stimmung gegen Saddam Hussein gemacht. Täglich wurde über seine brutale Herrschaft berichtet, von den Morden an politischen Widersachern und abtrünnigen Verwandten bis hin zum Kindesmissbrauch im Regierungspalast. Zweifellos, Saddam war kein Heiliger. Er war ein Tyrann, der auf skrupellose Weise seine Macht festigte. Allerdings drängte sich einem der Eindruck auf, die Gräueltaten des Saddam-Regimes wären der westlichen Politik gerade recht gekommen. Mit einer übersteigerten Propaganda sollten die Menschen für einen Krieg gegen den Irak in Stimmung versetzt werden. Saddams Gräueltaten lieferten hierfür eine willkommene Steilvorlage.

Was 2003 mit dem Sturz des Saddam-Regimes begann, setzte sich 2011 mit dem „Arabischen Frühling" fort. In vielen arabischen und nordafrikanischen Ländern kam es zu Protesten gegen die Herrschaft der Diktatoren. Auch hier wurden die Rebellen von den USA unterstützt, wenn nicht gar gelenkt. Im Falle Libyens waren zudem NATO-Truppen beteiligt. Auch hier begründete man die Unterstützung mit dem Schutz der Zivilbevölkerung und der Abwendung einer humanitären Katastrophe. Auch hier sollte Hilfe beim Aufbau von Demokratie und Rechtsstaatlichkeit geleistet werden. Aber auch hier ging es in Wahrheit nur darum, eine Tür zum Öl und zu Absatzmärkten für westliche Produkte zu öffnen. Das ist mit politischen Systemen, die vom Westen aus kontrollierbar sind, natürlich eher zu machen als mit den Despoten, die die arabische Welt von westlichen Einflüssen fernhalten wollen. Und das war auch ein Grund dafür, es nicht beim Sturz der Despoten zu belassen, sondern die unbequemsten unter ihnen auch gleich zu beseitigen. Saddam Hussein wurde nach seiner Festnahme noch vor ein Gericht gestellt, bevor er gehängt wurde. Mit Muammar al-Gaddafi hat man aber „kurzen Prozess" gemacht. Der Auslandskorrespondent Peter Scholl-Latour berichtete, dass Gaddafi kurz nach seiner Ergreifung zusammen mit zweien seiner Söhne und einigen Anhängern regelrecht massakriert wurde. Ob der von den USA und der Nato eingesetzte nationale Übergangsrat damit in Verbindung gebracht werden kann, bleibt offen. Die zum Teil unverhohlene Freude westlicher Politiker über die Tötung Gaddafis lässt allerdings vermuten, dass hier „Amtshilfe" geleistet wurde. Der damalige US-Präsident Obama sprach vom „…Beginn eines neuen, demokratischen Libyens." Diese Aussage hat allerdings einen bitteren Beigeschmack. Wenn der politische Neustart eines Landes mit der Liquidierung der bisherigen Machthaber beginnt, kann es mit Demokratie und Rechtstaatlichkeit nicht weit her sein. Aber darum ging es auch gar nicht. Es ging darum, die bisherige autoritäre Führung durch ein westfreundliches politisches System zu ersetzen. Demokratie und Rechtstaatlichkeit waren hier nur das Vehikel, mit denen westliche Interessen auf latente Weise transportiert werden sollten.

Der Politiker Egon Bahr sagte einmal treffend: „In der Politik geht es nie um Demokratie und Menschenrechte, sondern immer nur um staatliche Interessen." Wie wahr…

Die Despoten waren allesamt keine Engel, ihre Herrschaft des Schreckens soll hier keineswegs verharmlost werden. Sie regierten ihre Länder mit Härte und Unbarmherzigkeit. Mit Demokratie und Menschenrechte hatten sie wenig im Sinn. Oppositionelle und Querdenker wurden nicht geduldet. Aber die Diktatoren hatten die schwierigen Verhältnisse mit den vielfältigen ethnischen Gruppierungen und den unterschiedlichen Religions- und Glaubensrichtungen im Griff. Es herrschte eine gewisse Ordnung und Stabilität. Diese Ordnung mag nicht im Einklang mit westlichen Vorstellungen von Demokratie und Rechtstaatlichkeit stehen, aber der Orient ist eine andere Welt. Unsere Auffassungen von Demokratie und Recht greifen dort nicht. Darum ist es vermessen, dieser Welt unsere westlichen Maßstäbe aufzwingen zu wollen. In diesen Ländern von heute auf morgen demokratische Systeme einführen zu wollen, ist schlichtweg illusorisch. Die Realität bestätigt das: Knapp 20 Jahre nach Saddams Sturz gibt es im Irak immer noch keine funktionierende Demokratie. Und seit dem Sturz Gaddafis herrschen in Libyen chaotische Verhältnisse. Rivalisierende politische Gruppierungen lähmen das Land. Afghanistan und Ägypten sind von Demokratie und geordneten politischen Verhältnissen so weit entfernt wie nie. Mittlerweile ist das westliche Engagement in Afghanistan unrühmlich zu Ende gegangen. In allen Ländern, in denen der Westen beim Abriss von zwar ungeliebten, aber relativ stabilen politischen Systemen geholfen hat, bestimmt heute Anarchie das Geschehen. Angst und Schrecken sind an der Tagesordnung, Terroranschläge mit hunderten von Opfern sind Teil des Alltags geworden. Und viele Nahost-Kenner sind der Ansicht: Mit Saddam Hussein würde es den „Islamischen Staat" (IS) nicht geben.

Überall dort, wo Oppositionelle gegen die Gewaltherrschaft in ihren Ländern demonstrieren, werden sie sofort vom Westen unterstützt. Sofort richtet sich eine vom Westen initiierte Kampagne gegen die machthabenden Diktatoren. Werden die Unruhen vom herrschenden Regime unterbunden, ermahnt man die Machthaber zur Tolerierung der Meinungsfreiheit und Einhaltung der Menschenrechte. Aber die Solidarität mit den Menschen in diesen Ländern ist geheuchelt. Man will Öl ins Feuer kippen, um die politische Lage zu destabilisieren und die Staatsführung zu schwächen. Was man letztendlich wirklich erreichen will, ist der Sturz der Despoten und der Wechsel hin zu einer westfreundlichen Staatsführung. Nur so ist es möglich, diese Länder zugunsten der eigenen Interessen zu kontrollieren.

Der weiße Mensch ist in der Welt nicht beliebt. Auf dem ganzen Erdball begegnet man ihm mit Misstrauen – und das nicht ohne Grund. Überall dort, wo er hinkam, hat er die angestammte Bevölkerung unterdrückt oder verdrängt. Als der weiße Mann den amerikanischen Kontinent besiedelte, hat er die Indianer umgebracht, vertrieben oder in Reservate eingepfercht. Die Briten haben im Zuge der Kolonialisierung Australiens die Urbevölkerung nicht besser behandelt. Vielen Stammesfamilien wurden die Kinder weggenommen und zwecks Anpassung an die westliche Gesellschaft in weiße Familien gegeben. Erst im Jahre 2008 hat sich die australische Regierung offiziell bei der Urbevölkerung für das ihnen zugefügte Leid entschuldigt.

Der selbstherrliche Anspruch der sogenannten zivilisierten Welt auf Herrschaft über die indigenen Völker ist vermessen und lässt sich wohl kaum begründen. Alle Urvölker sind mit ihrem Land tief verwurzelt. Für sie ist ihr Heimatland keine Kategorie des individuellen Besitztums, sondern die Grundlage ihrer gemeinschaftlichen Existenz. Die Gier nach Profit und Reichtum ist diesen Menschen noch fremd. Sie entnehmen den natürlichen Ressourcen nur so viel, wie sie für ihre Lebenshaltung benötigen. Ihnen ist ihr Land heilig, sie verehren es. In Sachen „nachhaltige Lebensweise" kann sich die konsumorientierte westliche Zivilisation ein Beispiel an ihnen nehmen.

Die westlichen Demokratien teilen die Welt gern in Gut und Böse ein. In die Kategorie „Gut" fallen alle Länder, die sich zur westlichen Wertegemeinschaft bekennen und den US-amerikanischen Führungsanspruch respektieren. Diese Staaten gehören auch dem nordatlantischen Militärbündnis NATO an.

Weniger beliebt sind die Länder, die auf der sogenannten „Achse des Bösen" liegen. Mit diesem von George W. Bush geprägten Schlagwort sind Staaten gemeint, die sich entlang einer geographischen Linie von Libyen in Nordafrika bis hin nach Nordkorea ziehen, Israel natürlich ausgenommen. Insbesondere Irak, Iran und Nordkorea werden beschuldigt, Terroristen zu unterstützen und den Besitz von Atomwaffen anzustreben. Zu den unbeliebten Staaten zählte außerdem die Sowjetunion, ein föderativer Zusammenschluss aus 15 Unionsrepubliken. Die Sowjetunion war bis zu ihrem Zerfall 1991 die führende Macht des Warschauer Paktes, dem Militärbündnis der Ostblockstaaten. Waren die USA und die UdSSR im 2. Weltkrieg noch Verbündete, verfeindeten sie sich nach 1945 zunehmend aufgrund ihrer unvereinbaren politischen Ideologien. Die Machtblöcke NATO und Warschauer Pakt standen sich über 40 Jahre verfeindet im „Kalten Krieg" gegenüber. Der US-amerikanische Präsident Ronald Reagan

bezeichnete die Sowjetunion einmal als „Reich des Bösen". Mit dem Fall des „Eisernen Vorhangs" und dem
damit verbundenen Untergang der Sowjetunion 1991
löste sich auch der Warschauer Pakt auf. Nachfolge-
staat der Sowjetunion wurde die Russische Föderation,
auch Russland genannt. Die russische Politik versucht
nun, ehemalige Republiken der UdSSR wieder in ihren
Einflussbereich zu bekommen. Die Annexion der Krim
2014 und Putins jüngster Krieg gegen die Ukraine bele-
gen das.

Der Westen lässt jedoch auch keine Gelegenheit aus,
dem „Russischen Bären" auf den Pelz zu rücken. Mit
der NATO-Osterweiterung will die westliche Allianz
ebenfalls ihren Einflussbereich auf ehemalige Bündnis-
staaten des Warschauer Paktes ausdehnen und damit
dichter an Russland heranrücken. Und das, obwohl
man Michail Gorbatschow versprochen hatte, die Grenzen des westlichen Machtblocks nicht näher an die damals noch existierende Sowjetunion zu verlagern. Mit
dieser Zusage wurde die Zustimmung Gorbatschows
zur deutschen Einheit gewonnen. Aber das zählt heute
nicht mehr, die Einbeziehung von ehemaligen Staaten
des Warschauer Paktes in die NATO ist ein Beispiel dafür. Ein anderes Beispiel ist die Stationierung eines Ra-
ketenabwehrsystems in Osteuropa. Angeblich soll dieser Schutzschild vor Raketenangriffen aus dem Iran
schützen. Darüber hinaus haben die USA Panzer und
Soldaten in Osteuropa stationiert – zur Sicherung der
NATO-Ostgrenze, wie es heißt…

Die großen Machtblöcke unserer Welt haben ihren Ursprung in unterschiedlichen Weltanschauungen. Diese, zu politischen Ideologien entarteten Denkweisen, neigen zur Blockbildung. Ideologische Blöcke streben aber nach universaler Geltung, nach alleiniger Präsenz. Sie sind darauf bedacht, den Gegner auszuschalten und ihre eigenen Machtbereiche zu erweitern. Mit mehreren Machtblöcken innerhalb einer zivilisatorischen Einheit kann es daher keinen dauerhaften Frieden geben. Die Weltpolitik wird getragen vom Konflikt zwischen Weltfrieden und ideologischen Machtinteressen. Zwei Bestrebungen, die unvereinbar, in der Politik jedoch komplementär miteinander verbunden sind. Politik ist Friedensstifter und Brandstifter zugleich. Daher ist Weltpolitik in der herkömmlichen Form ungeeignet, die menschliche Zivilisation in eine gute und friedliche Zukunft zu führen. Im Gegenteil, die Politik wird die Zivilisation in die finale Katastrophe führen. Das Ende der Menschheit wird wohl politisch bedingt sein.

Politik und Rechtsstaat

Unser Klassenlehrer am Fachgymnasium gab uns Schülern mit auf den Weg: „Demokratie ist die schönste, aber auch die schwierigste Staatsform." Ein Ausbilder aus der Lehrzeit urteilte dagegen eher abschätzig: „Demokratie ist ein ausgeklügeltes System von Verantwortungslosigkeit." Wer hat Recht? Fest steht, kein anderes politisches System ist so geschaffen für das „sich Fortstehlen" aus der Verantwortung wie die Demokratie.

In keiner anderen Staatsform werden Probleme derart zerredet und verschleppt. Das der Demokratie zugrunde liegende Kompromissdenken führt zur Mittelmäßigkeit, wirksame und nachhaltige Lösungen schließen sich von vornherein aus. Demokratie verspricht ein Maximum an persönlicher Freiheit, was aber oft falsch interpretiert wird. Einige Menschen meinen, sie bräuchten es mit dem Regelwerk unseres Staates nicht so genau nehmen, man lebe ja schließlich in einer Demokratie. Freiheit wird immer wieder verwechselt mit Beliebigkeit – ein schwerer Irrtum. Eine Demokratie kann nur von Dauer sein, wenn die Menschen sich an ihre Regeln halten. Aber tun sie das?

In keinem anderen Bereich des täglichen Lebens werden Regeln so offensichtlich missachtet wie im Straßenverkehr. Ein Regelverstoß nach dem anderen, meistens mit Vorsatz. Wer hält sich denn an das ausgeschilderte Tempolimit, wer stoppt denn wirklich an einem Stoppschild, wer hat denn während des Fahrens nicht das Handy am Ohr? Kaum einer! Es gibt Fahrer und Fahrerinnen, die derart eklatant gegen die Straßenverkehrsordnung verstoßen, dass ihnen alle fünf Minuten der Führerschein abgenommen werden müsste. Aber die Politik tut nichts. Im Gegenteil, Stellen für Ordnungskräfte werden abgebaut, die Personaldecke bei der Polizei wird immer weiter ausgedünnt. Folglich müssen Verkehrskontrollen zurückgefahren werden. Stattdessen appelliert man an Vernunft und Eigenverantwortung der Autofahrer. Aber das ist Augenwischerei und offenbart nur den Unwillen der Politik, Fehlverhalten im Straßenverkehr konsequent zu ahnden. Dabei wäre die Politik gefordert, die Strafen für Verkehrsdelikte deutlich zu verschärfen.

In keinem anderen Land wie in Deutschland finden so wenig Verkehrskontrollen statt und sind die Strafen für Vergehen im Straßenverkehr so schmerzlos. Blindwütige Raserei wird in Deutschland als Ordnungswidrigkeit eingestuft. Und das, obwohl der größte Teil der Verkehrsunfälle mit fatalen Folgen auf nicht angepasste Geschwindigkeit zurückzuführen ist. Verursacht ein Raser einen Verkehrsunfall mit Todesfolge, macht er sich der fahrlässigen Tötung schuldig. Für diesen Tatbestand sieht das Strafgesetzbuch eine Freiheits- oder Geldstrafe vor. Aber in vielen Fällen wird die Freiheitsstrafe zur Bewährung ausgesetzt. Der Raser, der ein Menschenleben ausgelöscht hat, kommt oft mit einer lächerlich billigen Strafe davon.

Das Verkehrsrecht bedarf unbedingt einer Reform. Eine Reform mit der Tendenz zu deutlich empfindlicheren Strafen, wie sie auch in anderen Ländern üblich sind. Anders ist der „Wildwestmentalität" auf unseren Straßen nicht beizukommen. Aber Deutschland ist ein Autoland, und die immer schnellere Mobilität wird als Merkmal des Fortschritts gesehen. Und unsere Demokratie ist eine Lobbydemokratie, die Politik nimmt gegenüber der Automobilindustrie eine unterwürfige Haltung ein. Politiker vermeiden alles, was die „freie Fahrt für freie Bürger" in irgendeiner Weise einschränken könnte. Deshalb gehen sie der Frage nach härteren Strafen für Verkehrssünder auch möglichst aus dem Weg und setzen sich nur halbherzig für eine effektive Kontrolle des öffentlichen Straßenverkehrs ein.

Was die Einhaltung von Recht und Ordnung betrifft, hat der Staat aber eine Aufsichtspflicht. Die Politik versündigt sich deshalb an der Demokratie, wenn sie die Kontrolle ihrer selbst generierten Gesetze und Verordnungen schleifen lässt. Und sie ist schuld daran, wenn unsere so hoch gepriesene Demokratie allmählich zur Anarchie mutiert. Ohne Kontrolle durch den Staat neigen die Menschen nämlich dazu, das Recht so auszulegen, wie es ihnen gerade in den Kram passt. Wer kennt sie nicht, die selbstherrlichen Kommentare vieler Autofahrer bezüglich der Ge- und Verbote im Straßenverkehr: „Hier muss man nicht wirklich dreißig fahren, das Schild steht hier doch nur wegen der Schlaglöcher." Oder: „Das Stoppschild ist völlig unnötig. Ich sehe schon, ob ich Vorfahrt gewähren muss." Und manchmal auch: „Ich brauche mich nicht anzuschnallen, im Falle eines Unfalls halte ich mich am Lenkrad fest." Und viele sagen es nicht nur, sie verhalten sich auch so. In vollkommener Ahnungslosigkeit und Selbstüberschätzung findet man immer eine Begründung dafür, sich nicht an bestehende Regeln zu halten. Und diese Regeln werden vom Staat nur unzureichend kontrolliert. Der Staat ist in seiner legislativen Funktion zwar Herausgeber der rechtlichen Ordnungsstrukturen, nimmt sich aber in seiner exekutiven Eigenschaft immer mehr zurück. Das dafür erforderliche Personal wurde in den letzten Jahren deutlich reduziert. Ein fataler Fehler, der seine Ursache in einer von der Politik falsch verstandenen Freiheit hat.

Organisierte Systeme, deren Prinzipien und Grundsätze kraftlos geworden sind und kaum noch

Beachtung finden, sind zum Scheitern verurteilt. Das Vorhandensein von Gesetzen und Verordnungen allein ist noch nicht hinreichend für einen funktionierenden Rechtsstaat. Damit ein Regelwerk seine lenkende Wirkung entfalten kann, ist seine Befolgung eine notwendige Voraussetzung. Deshalb muss der Staat seine Ordnungsstrukturen immer wieder auf ihre Einhaltung hin kontrollieren. Nichtbeachtung muss sanktioniert werden. Nur so kann Rechtsstaatlichkeit gewährleistet werden.

Es heißt, vor dem Gesetz wären alle Menschen gleich. Aber das Gesetz lässt sich unterschiedlich auslegen. Gleichheit vor dem Gesetz impliziert folglich nicht automatisch die gleichen rechtlichen Konsequenzen. Bei einer gerichtlichen Auseinandersetzung ist immer die Partei im Vorteil, deren Anwälte geschickt bei der Argumentation vorgehen und das Gesetz im Sinne ihrer Mandanten zu interpretieren wissen. Und das vom Gericht verkündete Strafmaß hängt stark vom Plädoyer der Rechts- bzw. Staatsanwälte ab. Die Gleichheit vor dem Gesetz ist also eine Sache, die rechtliche Beurteilung eine andere. Aber ist das ein befriedigender Zustand? Der Ausgang eines gerichtlichen Verfahrens soll von der Pfiffigkeit der Anwälte abhängen und damit letztendlich vom Geldbeutel des Auftraggebers? Diese Vorstellung löst bei vielen Menschen ein inneres Unbehagen aus. Nicht ohne Grund sagt der Volksmund ganz treffend: Recht haben und Recht bekommen sind zweierlei Dinge…

Ein immer noch aktuelles Beispiel dafür ist die Umstellung der GEZ-Gebühr auf den Rundfunkbeitrag. Schon in der Wortwahl liegt die grundlegende Änderung verborgen. Eine Gebühr ist leistungsbezogen. Sie wird nur fällig, wenn eine entsprechende Leistung in Anspruch genommen wird. Dagegen ist ein Beitrag unabhängig von einer empfangenen Leistung und wird pauschal erhoben. Eine GEZ-Gebühr musste nur entrichtet werden, wenn im Hause Radio oder Fernsehgerät zum Empfang des öffentlich-rechtlichen Rundfunks bereitstanden. Der Rundfunkbeitrag dagegen wird unabhängig von der Verfügbarkeit dieser Geräte erhoben. Auch Haushalte, in denen es gar keine Empfangsgeräte gibt, sind zur Entrichtung des Beitrages verpflichtet. Der Beitrag wird nämlich schon deshalb fällig, weil es ein Rundfunkangebot gibt.

Ein natürliches Rechtsempfinden sträubt sich gegen diese pauschale Abkassierung. Man soll für eine Leistung bezahlen, die man nicht haben will und auch gar nicht entgegennehmen kann? Das kann doch nicht sein! Aber man wird eines Besseren belehrt. Unser Rechtsstaat sagt nämlich, dass das sehr wohl sein kann. Hier kommt nämlich das Erzwingungsmonopol des Staates ins Spiel. Die Landtage aller Bundesländer haben beschlossen, die Finanzierung des öffentlich-rechtlichen Rundfunks von der bisherigen Gebühr auf einen Beitrag umzustellen. Viele Bürger und Institutionen empfinden das als ungerecht und haben sich gegen diesen Beschluss gerichtlich zur Wehr gesetzt. Aber alle Klagen wurden abgeschmettert. Auch das Bundesverfassungsgericht hat die Rechtmäßigkeit des Rundfunkbeitrages bestätigt. So ist es nun mal – auch in einer Demokratie: Was Recht ist, bestimmt der Staat…

Die Regierung erlässt alle Augenblicke neue Gesetze oder modifiziert bestehende Gesetze. Aber ist das eigentlich legitim? Der Bürger geht doch davon aus, dass die Regierung sich zur staatlichen Rechtsordnung bekennt. Und zwar zur Rechtsordnung in der zum Zeitpunkt der jüngsten Bundestagswahl geltenden Fassung. Die Regierung erwartet nun aber vom Bürger, dass er sich zu etwaigen Änderungen der Rechtslage loyal verhält. Diese Erwartungshaltung ist aber nur dann gerechtfertigt, wenn der Wähler bereits vor dem Wahlgang darüber aufgeklärt wurde, ob und wie eine Partei im Falle des Wahlsieges die Rechtsordnung zu verändern gedenkt. Nur dann kann von demokratischen Prinzipien die Rede sein. Dem Bürger ohne seine ausdrückliche Zustimmung eine geänderte Rechtslage aufzubürden, ist allerdings ziemlich fragwürdig.

Eine besondere Bedeutung kommt diesem Sachverhalt bei Änderungen des Grundgesetzes zu. Dafür ist im Bundestag sowie im Bundesrat eine Zweidrittelmehrheit erforderlich. Die parlamentarischen Hürden liegen also sehr hoch, und das zu Recht. Nur das Volk wird nicht gefragt. Der Souverän unseres Staates hat nämlich mit der Wahl des Bundestages die Gesetzgebungskompetenz auf den Staat übertragen. Sollte aber das Grundgesetz, so wie es der Art. 146 GG als Option vorsieht, jemals durch eine Verfassung ersetzt werden, müsste jede Änderung per Volksabstimmung beschlossen werden. Deshalb wird eine vom Volk legitimierte

Verfassung wohl noch lange auf sich warten lassen.

Moralisches Gebot eines jeden Rechtsstaates muss es sein, unterschiedliche Durchsetzungskräfte gegnerischer Parteien vor Gericht mit ausgleichender Gerechtigkeit zu begegnen. Einer Person mit schwachem juristischen Potential muss hinsichtlich eines gegnerischen Aufgebotes an überlegener Rechtskompetenz gewogener Beistand zuteil kommen. Der Staat sollte sich hier sozusagen in der Rolle des Schutzpatrons des Schwächeren sehen. Nur so kann der so hoch gepriesenen Gleichheit vor dem Gesetz zumindest ansatzweise entsprochen werden.

Auch in einer Demokratie werden Gesetze und Verordnungen von politischen Funktionären und Interessensvertretern geschaffen. Machen wir uns also nichts vor, auch in unserer Demokratie dienen Recht und Gesetz den Mächtigen. Oder mit Platons Worten ausgedrückt: Das Gerechte ist nichts anderes, als der Vorteil des Stärkeren…

Demokratie und Rechtsstaat werden immer gern in einem Atemzug genannt. Fast alle Menschen halten die Demokratie für das einzig legitime politische System. Nur in einer Demokratie würde es rechtsstaatliche Prinzipien geben. Das ist allgemeiner Konsens und entspricht dem Mainstream in der westlichen Welt. Es ist aber nur bedingt richtig. Auch in anderen politischen Systemen gibt es Recht und Gesetz. Ob dieses nun mit der unsrigen Rechtsauffassung konform geht, ist eine andere Frage.

Auch heute noch, Jahrzehnte nach dem Mauerfall, gehen die Meinungen darüber auseinander, ob die Deutsche Demokratische Republik ein Rechts- oder Unrechtsstaat war. Eine große Mehrheit bezeichnet die ehemalige DDR als Unrechtsstaat. Aber ist das nicht zu kurz gegriffen? Sicher, die Versagung der Reisefreiheit und der Schießbefehl an der innerdeutschen Grenze stellten schwere menschenrechtliche Verfehlungen dar, die hier keineswegs in Abrede gestellt werden sollen. Aber der Schießbefehl war nicht im DDR-Recht verankert, sondern ging auf Anweisungen der politischen Führung zurück. Zudem verfügte die DDR über eine Verfassung und ein von der Volkskammer beschlossenes Gesetz. Die DDR-Justiz war zwar nicht unabhängig und diente dem Willen der herrschenden Klasse bzw. den Zielen der Sozialistischen Einheitspartei Deutschlands, der SED. Aber die DDR war nicht allein schon deswegen ein Unrechtsstaat. Überall in der Welt dienen Recht und Gesetz den jeweiligen Systemen. Recht und Gesetz haben eben keine universale Gültigkeit, sondern werden von den jeweiligen politischen Systemen definiert.

In der Politik geht es immer um Macht, innenpolitisch wie auch außenpolitisch. Dabei ist es völlig unerheblich, ob es sich um eine Demokratie oder eine Diktatur handelt. Denn auch eine Demokratie lässt sich als Diktatur auffassen, als Diktatur der parlamentarischen Mehrheit nämlich. Und diese Mehrheit spiegelt keineswegs immer die Willensmehrheit des Volkes wider. Und in beiden politischen Systemen verfügt der Staat über das Erzwingungsmonopol. Er übt Zwang auf

Personen und Gruppen aus, deren Handeln nicht im Einklang mit den staatlichen Ordnungsstrukturen steht. Der staatlich ausgeübte Zwang setzt die Grenzen der Freiheit, in der Demokratie genauso wie in der Diktatur.

Wer's glaubt, wird selig

Im Jahr 2000 beschloss die rot-grüne Bundesregierung unter Gerhard Schröder den Ausstieg aus der Kernenergie und legte Restlaufzeiten für die Atomkraftwerke fest. Im Jahre 2010 beschloss die Merkel-Regierung wieder die Verlängerung der Laufzeiten und bediente damit die Atomindustrie. Um die Menschen zu beschwichtigen, rühmte sich die Kanzlerin zeitgleich damit, einen weltweit einzigartigen Einstieg in die erneuerbaren Energien herbeigeführt zu haben. Nach dem Atomunfall in Fukushima 2011 ruderte die Regierung dann wieder zurück und beschloss das Aus aller Kernkraftwerke bis 2022. Im Februar 2022 griff Russland dann die Ukraine an. In Anbetracht der dadurch ausgelösten Energiekrise verlängerte die Bundesregierung die Laufzeiten der noch verbliebenen Kernkraftwerke bis zum April 2023.

Es fällt auf, dass die Regierung immer dann von der Nutzung der Kernenergie abrücken will, wenn es irgendwo in der Welt wieder zu einem schweren Störfall gekommen ist. Sie kommt damit scheinbar den Forderungen der Allgemeinheit nach, jetzt endlich aus der Kernenergie auszusteigen. Doch haben sich die Wogen erst wieder geglättet und ist der atomare Gau dann wieder aus dem Fokus des öffentlichen Interesses gerückt, wird wieder über den „Ausstieg vom Ausstieg" nachgedacht.

Am 23.3.2017 verabschiedete der Deutsche Bundestag das sogenannte Atommüllendlagersuchgesetz. Frau Dr. Hendricks war zu diesem Zeitpunkt Bundesministerin für Umwelt, Naturschutz, Bau und Reaktorsicherheit. In diesem Gesetz wurden die Termine 2031 für die Festlegung auf einen Standort sowie 2050 für die (früheste) Inbetriebnahme der Anlage festgeschrieben. Ministerin Hendricks sprach von einer „Jahrtausendaufgabe" und einem „Testfall für die Demokratie." Man glaubt es nicht: Nach Jahrzehnten der politischen Diskussion wird ein Gesetz verabschiedet, das den Beteiligten wieder 33 Jahre Zeit lässt, ein Endlager zu finden und in Betrieb zu nehmen. Wie und wem will die Politik das eigentlich noch erklären? Gar nicht, denn dieses Vorgehen hat Methode: Die Politik erhebt ihr Talent, das Volk für dumm zu verkaufen, zur Strategie der Problemverschleppung.

Die langen Vorlaufzeiten werden damit begründet, dass die Suche nach einem geeigneten Standort mit wissenschaftlichen Methoden erfolgen soll. Klarer Fall, womit denn sonst. Aber man muss mit den Arbeiten doch nicht bei null anfangen, die geologische Beschaffenheit der oberen Erdschichten in Deutschland ist weitgehend erforscht. Auch die Forderung, den Schutz der Umwelt vor ionisierender Strahlung für eine Million Jahre sicherzustellen, ist eine Pseudoforderung. Nichts lässt sich sicherstellen, schon gar nicht für eine Million Jahre!

Mit dieser Phänomenal-Forderung sollen die Menschen verblendet werden. Es sieht vielmehr danach aus, als wolle man das heikle Thema der Atommüll-Endlagerung möglichst weit in die Zukunft schieben. Ein Endlager, wo auch immer geplant, ist nämlich unter den jetzigen politischen und gesellschaftlichen Verhältnissen kaum durchsetzbar. Unter dem Deckmantel der Herbeiführung einer Problemlösung soll die Angelegenheit deshalb auf den Sankt-Nimmerleins-Tag geschoben werden.

Übrigens: Bereits 4 Jahre vorher, am 28.6.2013, wurde ein gleichlautendes Gesetz verabschiedet. Peter Altmaier war zu der Zeit Bundesumweltminister. Damals wurde eine Kommission ins Leben gerufen, die Kriterien für die Standortauswahl erarbeiten sollte. Nach fast 4 Jahren hat diese Kommission nun auch entsprechende Empfehlungen veröffentlicht. Aber warum wurde das Atommüllendlagersuchgesetz noch einmal verabschiedet? Die Politik tritt auf der Stelle, auch 2050 wird es noch kein betriebsfähiges Endlager geben.

Ebenso wird auch das Ziel verfehlt werden, die globale Erwärmung infolge der Emission von Treibhausgasen auf 1,5 Grad zu begrenzen. Der Weltklimarat verkündete, dass dies nur – wenn überhaupt – mit weitreichenden Veränderungen in allen Bereichen der Gesellschaft zu schaffen wäre. Und das auch nur, wenn sofort gehandelt werden würde. Und hier liegt das Problem. Die Politik handelt nicht – und schon gar nicht sofort…

Für eine Begrenzung der atmosphärischen Erwärmung ist es notwendig, den weltweiten Energieverbrauch zu senken. Das bedeutet aber – besonders im Hinblick auf die wachsende Weltbevölkerung – den allgemeinen Lebensstandard zu senken. Aber das ist für die Politik ein absolutes Tabuthema, da wagt sich niemand ran. Dabei wäre es richtig und durchaus möglich, diesen Weg einzuschlagen. Man könnte mit dem Individualverkehr beginnen. Er trägt EU-weit zwar nur mit einem Anteil von etwa 12% zu den Treibhausgasen bei, aber es wäre immerhin ein Anfang. Kein Mensch braucht ein Auto mit mehreren hundert PS Motorleistung. Ganze Generationen sind im VW Käfer mit 34 PS um den Erdball gefahren. Es muss auch keiner mit 230 km/h über die Autobahn rasen. Auch mit einer Geschwindigkeit von 130 km/h erreicht jeder sein Ziel. Und SUVs mit einem Eigengewicht von 2500 kg und mehr sind auch nicht unbedingt notwendig. Diese rollenden Wohnzimmer haben einen enormen Spritdurst und transportieren, was das Gewicht betrifft, eigentlich nur sich selbst.

Man mag nun einwenden, dass der besagte „Käfer" mit 34 PS, 820 kg Leergewicht und einer Höchstgeschwindigkeit von 120 km/h aber doch auch um die 10 Liter auf 100 Kilometer verbraucht hätte. Er wäre damit nicht viel sparsamer gewesen als ein heutiger SUV. Das stimmt zwar, bezieht sich aber auf den technologischen Standard der 1960er-Jahre. Ein Auto mit vergleichbarer Fahrleistung und vergleichbarem Komfort, nach heutigen technologischen Maßstäben entwickelt, wäre wohl ein großer Schritt in Richtung einer nachhaltigen

Mobilität.

Also: Höchstgrenzen für Motorleistung, Geschwindigkeit und Fahrzeuggewicht einführen! Das wäre eine Maßnahme, die tatsächlich zu einer Verringerung der CO_2 - Emissionen führen würde. Aber das meidet die Politik wie der Teufel das Weihwasser. Mit solchen programmatischen Inhalten lassen sich keine Wahlen gewinnen. Stattdessen weicht man bereits bestehende Grenzwerte wieder auf. Die Bundeskanzlerin Angela Merkel sagte, dass Fahrverbote bei nur geringfügigen Überschreitungen der zulässigen NO_x-Werte unverhältnismäßig seien. Ja, was denn nun, sind Grenzwerte bindend oder nicht? Statt endlich neue Wege beim Individualverkehr zu gehen, weicht die Politik die Grenzwerte wieder auf, die sie zum Schutz von Umwelt und Bevölkerung selbst festgeschrieben hat.

Eine Klimakonferenz nach der anderen. Jedes Mal stellt man fest, die gesteckten Ziele verfehlt zu haben oder sie nicht erreichen zu können. Dafür werden dann aber neue, noch ehrgeizigere Ziele beschlossen. Die Politik antwortet auf nicht erfüllte oder nicht erfüllbare Ziele mit noch höher gesteckten Zielen, bei gleichzeitiger Hinausschiebung in die Zukunft.

Das Ziel, die Erderwärmung auf 1,5 Grad zu begrenzen, wird ebenso verfehlt werden wie das Ziel, 2050 über ein betriebsfähiges Atommüll-Endlager zu verfügen. Nicht, weil die Politik nicht handeln kann, sondern weil sie gar nicht handeln will. Und hier zeigt sich die eigentliche Schwäche parlamentarischer Systeme, besonders in Demokratien. Die politisch Verantwortlichen handeln nicht so, wie die Notwendigkeiten es verlangen. Sie handeln so, wie ihre Wählerklientel es von ihnen erwartet.

Angela Merkel hat in ihrer Funktion als Umweltministerin im Kabinett Kohl ein Umdenken bzgl. des Individualverkehrs ins Gespräch gebracht. Mit Nachdruck propagierte sie einen größeren Marktanteil für Kleinwagen und setzte sich für die Entwicklung des 3-Liter-Autos ein. Aber das Gegenteil ist eingetreten, immer schwerere PS-Boliden liegen im Trend.

Noch 2007 war man sich in Deutschland einig, Gigaliner für den Straßenverkehr nicht zuzulassen. Der Zuwachs im Güterverkehr sollte auf die Schiene verlagert werden. Zwei Jahre später knickte man dann vor der EU und der LKW-Lobby ein. Es folgte eine Ausnahmeverordnung für Feldversuche, bei denen der Einsatz von Lang-LKW erprobt werden sollte. Seit 2018 gibt es jetzt eine Regelzulassung von Gigalinern auf dafür zugelassenen Straßen…

Die Einführung von G8, also die Erlangung des Abiturs nach 12 Schuljahren, wurde damit begründet, dass junge Menschen nach 13 Schuljahren zu alt wären, um auf dem Arbeitsmarkt mit anderen Bewerbern konkurrieren zu können. Da soll es also beim Einstieg in das Erwerbsleben auf ein Jahr ankommen? Hier zeigt sich wieder mal deutlich, wie die Menschen von der Politik verdummt werden. Die Einführung von G8 sollte neben geringeren Bildungskosten ganz banal dazu führen, dass junge Menschen schon ein Jahr eher Beiträge zur Sozialversicherung zahlen. Es handelte sich schlichtweg um eine sozialpolitische Maßnahme zur Sicherung des Rentensystems.

Zu diesem Vorhaben passte auch die zeitgleich geführte politische Diskussion darüber, das Renteneintrittsalter heraufzusetzen. Hier wurde und wird damit argumentiert, den Menschen die Möglichkeit geben zu wollen, ihre beruflichen Fähigkeiten länger am Arbeitsplatz einbringen zu dürfen. Es wäre nicht sinnvoll, zu früh auf das große Potential an erfahrenen Leistungsträgern zu verzichten. In Wahrheit geht es aber auch hier darum, mit der Erhöhung des Rentenalters die finanzielle Mehrbelastung der Rentenkasse bzgl. des demographischen Wandels zu kompensieren.

Auf eine einfache Formel gebracht, bedeutet das: Die beitragspflichtige Zeit der Rentenversicherung soll verlängert, die Rentenbezugsdauer verkürzt werden.

Die Politik bürdet dem Bürger immer mehr finanzielle Opfer auf, die zur Verringerung des Energieverbrauchs beitragen sollen. Heizungsanlagen müssen immer strengere Anforderungen bezüglich des Wirkungsgrades und des Schadstoffausstoßes erfüllen. Vorhandene Fenster im Haus sollen durch höherwertige Fenster mit geringerer Wärmedurchlässigkeit ersetzt werden. Hausfassaden müssen eine hohe Wärmedämmung aufweisen, um den Wärmeverlust der Innenräume zu verhindern. Diese Maßnahmen sollen mit dazu beitragen, die Energieressourcen zu schonen und den anthropogenen Treibhauseffekt abzuschwächen.

Aber warum nimmt die Politik zuerst die Bürger in die Pflicht, die Folgen einer verfehlten gesellschaftlichen Energiepolitik wieder geradezubiegen? Die Politik hätte doch allen Grund, erstmal die von ihr selbst zu verantwortenden Fehlentwicklungen zu korrigieren. Sie könnte gleich beim Individualverkehr anfangen. Sie könnte z.B. ein Gesetz auf den Weg bringen, um das Geschwindigkeitsniveau im Straßenverkehr auf ein vernünftiges Maß zu begrenzen. Wie schon erwähnt, keiner braucht ein Auto mit 250 PS. Und niemand muss sich mit 230 km/h über die Autobahn katapultieren. Hier könnte die Politik wirksam ansetzen – aber sie tut es nicht. Wie soll man denn auch dem Wähler erklären, dass er nur noch ein Auto mit abgespeckter Leistung in der Garage haben kann und nicht schneller als 130 km/h fahren darf. Unmöglich, das würde Arbeitsplätze kosten, und mit EU-Recht wäre das auch nicht vereinbar. Und nicht zuletzt möchte man ja auch wieder gewählt werden. Und genau das ist der Punkt: Das politische Geschäft wird vom Machtstreben bestimmt, nicht von der Vernunft. Die Politik begreift nicht, dass nicht die nächste Wahl auf dem Spiel steht, sondern der Fortbestand des Lebens auf unserem Planeten.

Zwei namenhafte Politiker sind in der jüngeren deutschen Geschichte auf mysteriöse Weise ums Leben gekommen:

Dr. Uwe Barschel war bis zu seinem Rücktritt im Oktober 1987 Ministerpräsident in Schleswig-Holstein. Während des Landtagswahlkampfes geriet er in den Fokus eines politischen Skandals, der als sogenannte

„Barschel-Affäre" Schlagzeilen machte. Dieser Skandal erschütterte auf nie dagewesene Weise die politische Landschaft Deutschlands. Am 11. Oktober 1987 wurde Barschel in der Badewanne eines Genfer Hotelzimmers tot aufgefunden. Trotz erheblicher Ermittlungspannen gingen die Schweizer Behörden von Selbstmord aus. Im Dezember 1994 leitete die Lübecker Staatsanwaltschaft unter der Leitung von Oberstaatsanwalt Heinrich Wille Ermittlungen im Fall Barschel ein. Doch offenbar wurden die Ermittlungen seitens höherer Instanzen erschwert. Bis heute konnten Uwe Barschels Todesumstände nicht zweifelsfrei geklärt werden.

Jürgen W. Möllemann war als FDP-Politiker Bundesminister im Kabinett Kohl, ab Mai 1992 auch Vizekanzler. Wegen der sogenannten „Briefbogenaffäre" trat er 1993 von diesen Ämtern zurück. Möllemann galt als Palästina-freundlich und übte heftige Kritik an der israelischen Nahost-Politik. Seit 1981 war er Präsident der Deutsch-Arabischen Gesellschaft. Rechtswidrige Finanzpraktiken im Zusammenhang mit einem nicht autorisierten Wahlkampf-Flugblatt brachten ihn erneut in die Kritik. Schließlich verlor er den Rückhalt auch in seiner eigenen Partei. Er wurde aus der Bundestagsfraktion ausgeschlossen und trat daraufhin aus der FDP aus. Im Juni 2003 stürzte er bei einem Fallschirmsprung auf rätselhafte Weise in den Tod. Ein Fremdverschulden wurde ausgeschlossen. Die Berichterstattung sprach von Suizid.

In beiden Fällen konnte eine Selbsttötung nicht nachgewiesen werden. Und in beiden Fällen gab und gibt es zunehmend Zweifel an der Freitod-These. Die

Ermittlungen haben nicht einen entscheidenden Hinweis auf ein freiwilliges Ausscheiden aus dem Leben erbracht. Die immer wieder ins Feld geführte seelische Ausweglosigkeit der beiden Politiker, die eine Verzweiflungstat plausibel erscheinen lassen sollte, wirkt konstruiert. Und deshalb ist es befremdend, dass auch die Politik sogleich von Selbstmord ausging. Zumindest wurde das von keinem Politiker öffentlich angezweifelt. Im Gegenteil, Selbstmord wurde als definitive Todesursache in die Öffentlichkeit lanciert. Weiterführende Ermittlungen schienen gar nicht gewollt. Von Anfang an hatte man den Eindruck, dass es ein politisches Interesse daran gab und immer noch gibt, das Ableben Uwe Barschels und Jürgen W. Möllemanns als Freitod erscheinen zu lassen.

„Politikern ist nicht zu trauen, denn die Voraussetzung ihres Denkens und Handelns ist die Effizienz eben desselben", schreibt Günter Kunert in seinem Buch „Die Botschaft des Hotelzimmers an seinen Gast". Kunert führt als Beispiel dazu ein Zitat von Walter Ulbricht an: „Geteiltes Deutschland ist friedloses Deutschland…" Dann ließ er die Mauer bauen…

Eine übliche politische Taktik zur Umsetzung unpopulärer Vorhaben ist es, Gründe für diese Vorhaben vorzugeben, die allgemein befürwortet werden. So ein „Alibi-Zweck" ist in der Regel auch zutreffend, aber nur von untergeordneter Bedeutung. Zum Beispiel beschließt ein Gemeinderat, eine Straße zu bauen, die es den Bürgern ermöglichen soll, ohne Umwege zum neuen Einkaufszentrum zu gelangen. Das Vorhaben findet auch begeisterten Zuspruch. Erst später wird bekannt, dass der Bau dieser Straße eine Vorbedingung für die Ansiedlung einer Kompostierungsanlage war…

Wer hat sich nicht schon mal darüber gewundert, dass für ein Vorhaben Mittel eingesetzt wurden, die im Hinblick auf den vorgegebenen Zweck irgendwie ineffizient und nicht so richtig der Sache dienlich schienen. Im Nachhinein stellte sich dann aber heraus, dass die Mittel sogar sehr effizient eingesetzt wurden – allerdings im Dienst einer anderen Sache…

Politiker dementieren ein Gerücht umso entschlossener, je höher dessen Wahrheitsgehalt ist. So tönte Walter Ulbricht im Juni 1961: „Niemand hat die Absicht, eine Mauer zu errichten." Zwei Monate später war die Mauer fertig…

Die Niedrigzinspolitik soll die Konjunktur beleben. Die EZB kauft im großen Stil Anleihen und senkt gleichzeitig den Leitzins, wodurch der Markt mit billigem Geld überschwemmt wird. Unternehmen wie auch Privatleuten sollen damit die Aufnahme von Krediten schmackhaft gemacht werden. Man hofft, damit den Wachstumsmotor wieder auf Touren zu bringen. Aber was für Investoren von Vorteil ist, wirkt sich auf die Moral der Sparer eher ungünstig aus. Ihre Spareinlagen erbringen kaum noch Zinserträge und verlieren überdies aufgrund der Inflation ständig an Wert.

Man könnte nun auf die Idee kommen, dass dieses Vorgehen Methode hat. Das Sparen galt früher mal als Tugend, das ist heute nicht mehr der Fall. Billionen von

Euros liegen auf privaten Sparkonten brach und werden damit dem Kreislauf der Wirtschaft entzogen. Es versteht sich von selbst, dass der Finanzmarkt an dieses Geld heranwill. Also senkt man den Zinssatz ab. Das Kalkül dabei ist, dass die Leute dann die Lust am Sparen verlieren und eher bereit sind, ihr Geld auszugeben. Damit würde es in die Wirtschaft fließen und den Markt beleben. Sollte diese Taktik noch nicht die gewünschte Wirkung zeigen, führt man den Negativzins ein. Das hätte zur Folge, dass sich die Sparguthaben durch die ständige Verringerung ihres Nominalwertes selbst verzehren. Um das zu verhindern, könnte der Sparer nun folgerichtig auf die Idee kommen, seine Ersparnisse vom Konto abzuheben und unters Kopfkissen zu legen. So bliebe zumindest der nominale Betrag des Guthabens erhalten. Anschaffungen und Einkäufe könnten dann in bar beglichen werden. Doch der Staat könnte ihm auch hier einen Strich durch die Rechnung machen. Er könnte das Bezahlen mit Bargeld per Gesetz verbieten…

Politiker erzählen uns bei jeder sich bietenden Gelegenheit, wie wichtig die Digitalisierung von Wirtschaft und Gesellschaft ist. Keiner, der dieser Thematik nicht eine zentrale Bedeutung beimessen würde. Kaum ein politischer Beitrag, in dem nicht von digitalen Chancen, Industrie 4.0 oder künstlicher Intelligenz die Rede ist. Politiker lassen keine Gelegenheit aus, auf die schöne neue digitale Welt zu verweisen. Schier endlos erscheinen die Möglichkeiten, mit der Digitalisierung die Lebensqualität zu steigern. Sogar Personalausweis und

Führerschein sollen in Zukunft per Smartphone bestellt werden können – welch ein Fortschritt!

Politiker verdummen das Volk. Und das ist nicht nur ein Kollateralschaden im politischen Alltag, sondern ein vorsätzliches Vorgehen mit System. Über die wirklich wichtigen Themen und Probleme der zivilisatorischen Zukunft wird das Volk hingehalten und belogen. Dafür werden sie mit anderen, belanglosen Themen sediert. Die Menschen denken gewöhnlich an Smartphones und digitale Kühlschränke, wenn sie von der Digitalisierung hören. Und genau dieses wird von der Politik und den Medien auch als Fortschritt und Gewinn an Lebensqualität gepriesen. Was mit der digitalen Welt aber wirklich gemeint ist, ist die taktgesteuerte Zukunft der Menschheit in allen Lebensbereichen, von der Arbeitswelt bis hin zum konsumorientierten Privatleben. Die Digitalisierung kann deshalb auch als ein Schritt hin zur Versklavung der Menschheit gesehen werden. Orwells „1984“ und die Morlocks aus Orson Wells' „Zeitmaschine“ lassen grüßen…

Autonomes Fahren – ebenfalls ein Begriff, mit dem Politiker gern auf Wahlkampftour gehen. Und sie reden so, als würden die selbstfahrenden Autos schon bald vom Band rollen. Aber das ist nicht wahr, von der Einsatzreife derartiger Systeme sind wir noch weit entfernt. Eine komplexe technische Sensorik sowie eine selbstlernende Computersoftware sind Voraussetzungen für das autonome Fahren. Und da steckt die Forschung noch in den Kinderschuhen. Die Leistungsfähigkeit der besten Sensorik ersetzt noch lange nicht das

Vermögen der menschlichen Sinne. Und die Strukturen der künstlichen Intelligenz können es noch lange nicht mit den kognitiven Fähigkeiten des menschlichen Gehirns aufnehmen. Besonders das intuitiv bedingte Verhalten lässt sich nur schwer anhand logischer Strukturen beschreiben. Und wird das autonome Fahren eines Tages doch zum Mobilitätsstandard werden, wird der Mensch seine aktive Funktion auf dem Fahrersitz verlieren. Und spätestens dann wird klar, was mit dem autonomen Fahren einhergeht: Der allmähliche Abschied vom Individualverkehr.

Politisches Selbstverständnis

Der Endzweck von Politik kann nur sein, Rahmenbedingungen für gangbare Wege in eine lebenswerte Zukunft zu schaffen. Sie hat die Wege zu ebnen, Stolpersteine zu beseitigen und Wegweiser aufzustellen. So sollte es sein – die Politik als lenkende Kraft und Orientierung gebende Instanz. Doch die real existierende Politik ist weit von diesem Ideal entfernt. Es wird zwar immer betont, das Wohl der Menschen im Blick zu haben, und man erinnert bei jeder sich bietenden Gelegenheit an die Vorzüge der Demokratie. Doch das täuscht über das wirkliche Wesen der Politik hinweg. Politik führt nämlich ein Dasein um ihrer selbst willen. Es geht primär gar nicht um das Wohl der Menschen. Es geht in der Politik neben der Macht immer nur um den Fortbestand des politischen Systems.

In der Philosophie unterscheidet man zwischen Problemdenker und Systemdenker. Der Problemdenker sucht nach Möglichkeiten, die ihm geeignet erscheinen, Probleme zu lösen. Er hat dabei kein Weltbild vor Augen, mit dem seine Überlegungen in Einklang stehen müssen. In der Politik dominieren jedoch die Systemdenker. Ihre Suche nach Problemlösungen orientiert sich an ihrer politischen Ideologie. Lösungen werden nur akzeptiert, wenn sie widerspruchslos in ihr politisches Weltbild passen. Ist das nicht der Fall, werden sie entweder verworfen oder so modifiziert, dass sie mit ihrem Weltbild konform gehen. Dass dann diese Problemlösungen aber häufig keine Wirkungskraft mehr entfalten, wird aus ideologischer Verblendung ignoriert.

Auch politische Systemdenker müssen gewählt werden. Unter Anmahnung der demokratischen Rechte und Pflichten benutzt man das Wahlvolk, um die Existenz des politischen Systems zu legitimieren. Und man wird nicht müde zu erzählen, jeder könne mit seinem Kreuz auf dem Wahlzettel über den Weg in die Zukunft mitentscheiden. Und manchmal kommt tatsächlich etwas Positives dabei heraus. So eine Sternstunde der Demokratie schlägt dann, wenn die Interessen der Politik mit den gesellschaftlichen Notwendigkeiten im Einklang stehen. Primär geht es in der Politik aber immer um Macht und ideologische Ausrichtung. Um hierfür die Zustimmung des Volkes zu erlangen, tut die Politik alles, um die Menschen zufrieden zu stellen, aber selten das, was wirklich getan werden müsste.

In der westlichen Welt gibt es den Grundkonsens, in der Demokratie das "beste politische System" überhaupt zu sehen. Und man lehnt andere Staatsformen mit weniger ausgeprägten demokratischen Prinzipien kategorisch ab. Eine rechtmäßige Politik auf Grundlage allgemeiner Wertevorstellungen könne es nur in einer Demokratie geben. Und die meisten Menschen würden wohl eine Weltgemeinschaft begrüßen, die sich gänzlich aus demokratischen Staaten zusammensetzt.

Ob sich so eine Welt mit gleichgeschalteten Polit-Systemen aber wirklich als Segen für die Menschheit erweisen würde, ist allerdings fraglich. Gerade so ein System wäre anfällig für die Unterwanderung durch skrupellose Elemente, die jetzt ebenfalls weltweit operieren könnten. Außerdem kann die Demokratie nur dann den Anspruch auf die "beste Staatsform" für sich reklamieren, wenn neben ihr auch andere Staatsformen existieren. Würden den Vorstellungen vieler Menschen von einer idealen Welt entsprechend alle Länder dieser Welt Demokratien sein, würde sich die Frage nach der "besten Staatsform" gar nicht stellen.

Der griechische Philosoph Platon (428-348 v.Chr.) war kein Freund der Demokratie. Er stand dieser Staatsform kritisch gegenüber und lehnte sie ab. Als dann sein verehrter Lehrer Sokrates nach einem demokratisch geführten Prozess zum Tode verurteilt wurde, positionierte sich Platon endgültig gegen die Demokratie. Seine Kritik an der Demokratie begründete er später in seinem wichtigsten Werk, der „Politeia":
Zu Beginn einer demokratischen Epoche werden

ihre politischen Vertreter von ehrlichen und rechtschaffenden Absichten geleitet. Im Laufe der Zeit geht die Herrschaft jedoch immer mehr auf rücksichtslose Karrieristen und skrupellose Aufsteiger über. Diese ruinieren nach und nach das staatliche Gemeinwesen. Schließlich verlangt das Volk wieder nach dem „starken Mann". Demokratie ist deshalb eine instabile Staatsform, die sich selbst zugrunde richtet. Und sie ist die Staatsform der Mittelmäßigkeit: Im Guten nie das Beste, im Schlechten nie das Schlimmste.

Platon war der Meinung, die Herrschaft über einen Staat gehöre in die Hand von Philosophen. Fragen im Zusammenhang mit staatlicher Gerechtigkeit und Verantwortung könnten nur von Menschen mit entsprechend intellektuellem Vermögen beantwortet werden. Diese Kompetenz sah Platon eindeutig bei den Philosophen. Nur sie würden nach Wahrheit streben und auf der Suche nach dem Guten sein. Machtbesessenen Politikern wäre diese Geisteshaltung fremd. Sie wären somit ungeeignet, Herrschaft über das Volk auszuüben.

Deutsche Politiker erinnern immer gerne an die Werte der Demokratie. Und nicht nur zuhause, auch als Gast in Ländern mit anderen politischen Systemen mahnt man immer wieder demokratische Prinzipien an. Als ob die dortige Politik nicht ihre eigenen Prinzipien hätte. Aber man gibt sich gerne als Moralapostel, als könne man selbst auf eine 1000-jährige Tradition in Sachen Demokratie zurückblicken. Doch geht es gar nicht immer um Demokratie und Menschenrechte an sich. Vielmehr will man zeigen, dass man auch gegenüber den Machthabern anderer Staaten kein Blatt vor den Mund nimmt. So was kommt in der Heimat gut an und sichert immer ein paar Extrastimmen für die nächste Wahl.

Aber vor allem geht es darum, in Ländern mit lästigen politischen Systemen geschickt einen Keil zwischen den Bürgern und ihrer politischen Führung zu treiben. Durch ständiges Anmahnen demokratischer Prinzipien soll Unzufriedenheit im Volk geschürt werden. Kalkül ist, dass sich offener Unmut zu einer rebellischen Kraft auswächst. Eine gängige Taktik der westlichen Politik, einen Fuß in die Tür widerspenstiger Staaten zu bekommen. Gleichzeitig soll mit dem Ruf nach mehr Demokratie auch immer Druck auf deren Machthaber ausgeübt werden, den eigenen Interessen entgegenzukommen.

In Deutschland wird viel demonstriert, protestiert und provoziert. Unser Grundgesetz lässt das zu, und das ist auch richtig so. Wie soll sich der Bürger, der zwar alle 4 Jahre wählen darf, ansonsten aber ohne politische Relevanz ist, denn auch sonst Gehör verschaffen?

Unvergessen sind die Großdemonstrationen gegen den Nato-Doppelbeschluss von 1979 und gegen den Bau der Startbahn West des Frankfurter Flughafens 1981. Das ist schon eine Weile her, aber auch in jüngerer Zeit organisiert und formiert sich öffentlicher Widerstand gegen politische, wirtschaftliche und gesellschaftliche Entwicklungen bzw. Fehlentwicklungen.

Immer wieder sind Großprojekte wie der Flughafen Berlin Brandenburg oder das Bahnprojekt Stuttgart 21

Ursache des öffentlichen Unmuts. Trotz demokratischer Abwägung des Für und Wider sowie aller behördlichen Genehmigungen kommt es häufig zu massiven Bürgerprotesten. Großbauvorhaben lassen sich in Deutschland kaum noch realisieren. Aber die Politik ist zum Teil selbst daran schuld.

Wie kann es denn sein, dass so gut wie alle öffentlichen Großprojekte am Ende erheblich teurer werden als geplant?
Beim Bahnprojekt Stuttgart 21 hat sich der Finanzrahmen seit Baubeginn 2010 schon jetzt verdoppelt, von 4 Mrd. auf 8 Mrd. Euro in 2019. Auch der neue Flughafen Berlin-Brandenburg wurde bis zur Eröffnung 2020 mit 6,4 Mrd. Euro mehr als dreimal so teuer als beim ersten Spatenstich 2006 angenommen. Und darin sind noch nicht die Kosten für das Erweiterungsprogramm zur Anpassung an die steigenden Passagierzahlen enthalten.

Den Rekord an Überziehung des ursprünglichen Budgets aber hält wohl der Bau der Elbphilharmonie in Hamburg. Bis zur Fertigstellung verschlang der Bau mit 866 Mio. Euro mehr als das 11-fache der ursprünglich veranschlagten 77 Mio. Euro. Die Diskrepanz zwischen Ist- und Plankosten fällt in diesem Falle so groß aus, dass man geneigt ist, dahinter Methode zu vermuten. Vielleicht sollten die tatsächlichen Plankosten auch gar nicht in der Öffentlichkeit bekannt werden. Denn mit publizierten Baukosten von nahezu einer Milliarde Euro wäre eine breite öffentliche Zustimmung für das Projekt wohl ausgeblieben. Deshalb liegt es nahe, dass der Steuerzahler kurzerhand mit geschönten Zahlen getäuscht werden sollte.

Anlässlich der massiven Bürgerproteste gegen Stuttgart 21 beschwerte sich ein Politiker mit den Worten, demokratisch legitimierte Entscheidungen müssten auch akzeptiert werden. Im Prinzip ist das richtig, aber wie kommen Entscheidungen über solche Großprojekte denn zustande? Sie sind das Resultat einer Synthese aus Lobbyismus, Korruption und politischer Arroganz. Vor dem Zustandekommen fauler parlamentarischer Mehrheiten ist Politik nie gefeit, auch in einer Demokratie nicht.

Hierzu noch passend: Die Kosten für die Sanierung des Segelschulschiffes Gorch Fock sind von ursprünglich veranschlagten 10 Mio. Euro auf letztendlich 135 Mio. Euro angestiegen…

Bei der Kommunalwahl 2016 in Hessen fuhr die AfD ein zweistelliges Ergebnis ein. Sigmar Gabriel äußerte sich verärgert: Der Bürger müsse mehr Verantwortung für die Demokratie übernehmen. Es gäbe – verdammt noch mal – eine Mitverantwortung für die Demokratie.

Diese Reaktion war fehl am Platz. Denn die AfD wurde als politische Partei zur Wahl zugelassen. Der Wähler konnte also davon ausgehen, dass sich die AfD wie auch die anderen Parteien auf dem Wahlzettel zur freiheitlich demokratischen Grundordnung bekennt. Damit war die AfD eine wählbare Partei, unser Wahlgesetz sieht das so vor. Das Wahlergebnis ist also so zu akzeptieren, wie es ist. Gerade Politiker, die gern an freie und geheime Wahlen als oberstes Gebot der Demokratie erinnern, sollten sich hüten, Kritik am

Wahlverhalten des Volkes zu üben. Das würde den Verdacht nähren, die Demokratie verlange nach Wohlverhalten des Volkes zugunsten der etablierten Parteien. Und so ist es: Auch demokratische Wahlen sollen zu systemkonformen Ergebnissen führen. Ist das nicht der Fall, gibt man sich ungehalten.

Volks- und Bürgerentscheide sind Instrumente der direkten Demokratie. Mit solchen Prozeduren werden dem Volk Möglichkeiten eingeräumt, unmittelbar über politische Sachthemen abzustimmen. Aber die Hürden sind hoch. Im Vorweg muss ein Volks- oder Bürgerbegehren durchgeführt werden. Kommt die erforderliche Anzahl von Unterschriften zustande, entscheidet eine zuständige Behörde über die Zulässigkeit des Volks- bzw. Bürgerentscheides. Insbesondere wird geprüft, ob die Thematik und der Inhalt des Begehrens überhaupt Gegenstand einer Bürgerabstimmung sein können. Sind alle Voraussetzungen erfüllt, kann das formale Verfahren eines Bürgerentscheides eingeleitet werden. Aber die Politik bleibt immer Herr des Verfahrens. Und ist ein Entscheid politisch nicht gewollt, lassen sich immer irgendwelche Formfehler finden, um die Unzulässigkeit des Verfahrens festzustellen.

Manchmal läuft es auch andersherum, der Staat möchte Volkes Meinung wissen. Dazu kann der Staat ein Referendum ansetzen, eine andere Variante der Volksabstimmung. Hier stimmt das Volk über eine von staatlicher Seite verfasste Vorlage ab. Das folgenschwerste Referendum der neueren Zeit war wohl das

Brexit-Referendum 2016 im Vereinigten Königreich, bei dem sich 51,9% der Wähler für einen Austritt aus der Europäischen Union aussprachen. Oder auch das Referendum in Dänemark im Jahre 2000, bei dem 53% der Wähler gegen die Einführung des Euros votierten. Das löste immense Empörung aus, auch in Deutschland. Es könne nicht sein, dass eine Minderheit von nur 3% der Wähler den Euro verhindere, hieß es auch in den Medien. Dieses Beispiel zeigt, wie mit verzerrten Darstellungen die öffentliche Meinungsbildung beeinflusst wird. Es waren eben nicht nur 3% der Wähler, die den Euro verhindert haben, es waren 53%!

Im Jahre 2009 beschlossen die Mitgliedsländer der Eurozone ein Kreditpaket für das finanziell angeschlagene Griechenland. Die Gewährung dieser Hilfe war mit drastischen Sparmaßnahmen seitens des griechischen Staates verknüpft. Deshalb wollte der amtierende Ministerpräsident Papandreou das griechische Volk über die Annahme des Hilfspakets entscheiden lassen. Das löste jedoch erheblichen Unmut in den anderen Euroländern aus. Man verlangte, Griechenland solle entweder das Hilfspaket ohne vorherigen Volksentscheid annehmen oder die Eurozone verlassen. Um einen drohenden Staatsbankrott abzuwenden, ließ Papandreou schließlich die Durchführung des Referendums fallen.

Es kommt auch vor, dass die Politik mit einem Referendum ein bestimmtes Kalkül verbindet. Man lässt das Volk z.B. gerne über Vorhaben abstimmen, die einerseits erhebliche Risiken bergen, andererseits aber auf große öffentliche Zustimmung stoßen. Die Politik will damit verhindern, dass sie, falls das Projekt floppt, zur Zielscheibe des öffentlichen Unmuts wird. Die Verantwortung lässt sich dann auf das Volk abwälzen nach dem Motto: Beschwert euch nicht, ihr habt's doch so gewollt! Das Referendum erfüllt hier also eine reine Alibifunktion.

Das Kalkül kann aber auch nach hinten losgehen, wie 2015 in Hamburg geschehen. Die Stadt wollte sich für die Ausrichtung der Olympischen Sommerspiele 2024 bewerben. Man hatte aber erkannt, dass dieses Vorhaben mit erheblichen finanziellen Risiken verbunden sein würde, zumal die Finanzierung in Höhe von veranschlagten 11 Mrd. Euro nicht gesichert war. Also ließ man vorsorglich die Bürger Hamburgs über die Bewerbung abstimmen. Ein positiver Ausgang des Referendums galt in Anbetracht der Popularität solcher sportlichen Ereignisse als sicher. Und sollte das Spektakel später in einem finanziellen Fiasko enden, könnte sich die Politik mit Verweis auf den Bürgerwillen herausreden.

Doch dann der Schock, man fiel aus allen Wolken: Die Hamburger Bürgerinnen und Bürger lehnten eine Bewerbung für die Ausrichtung der Spiele mit einer Mehrheit von 51,6 % ab! Und wieder wurde gezetert. Man beschimpfte die Hälfte der Hamburger Bürger als kurzsichtig, weil sie sich gegen die Bewerbung ausgesprochen hatten.

Und wieder wurde deutlich: Man redet von der Demokratie in den höchsten Tönen, erkennt aber die Ergebnisse, die sie hervorbringt, oft nicht an.

Die Meinungs- und Pressefreiheit ist ein hohes Gut der Demokratie, mehr noch, ihre Voraussetzung. Aber was versteht man unter freier Meinungsäußerung, und wo sind ihre Grenzen? Wie allen Vorzügen der Demokratie unterliegt auch die freie Meinungsäußerung einem Prozess der Gewöhnung. Alles verliert mit der Zeit seinen Reiz. Was die Menschen gestern noch aufhorchen ließ, findet schon heute kaum noch Beachtung. Ähnlich wie bei Suchterscheinungen verlangt es den Menschen nach "immer mehr". Deshalb werden die Freiheitsräume ständig erweitert, die Fenster der Legalität immer weiter geöffnet. Besonders in einer Demokratie scheint das notwendig zu sein, um die Menschen gewogen zu halten. Nur die Ausweitung der Freiheitsräume wird als Fortschritt gesehen, ihre Begrenzung dagegen als Einschränkung.

Kritik findet nur sein Publikum, wenn sie wirksam in Szene gesetzt wird. Davon lebt auch Satire. Sonst hätte Jan Böhmermann wohl kaum seine "Schmähkritik" am türkischen Präsidenten Erdogan veröffentlicht. Es ist von einem Gedicht die Rede, das Böhmermann im Rahmen einer Fernsehsendung publik machte. Aber von einem Gedicht kann nach meinem Verständnis keine Rede sein, bestenfalls von einem Reim – einem Reim der übelsten Sorte. Ich kann mich nicht erinnern, schon einmal eine derart verbale Entwürdigung eines Menschen gehört zu haben. Das beleidigende Potential ist an Widerwärtigkeit kaum noch zu überbieten. Aus meiner Sicht ist es absolut verständlich, dass die Regierung der Türkei Strafanzeige gegen Böhmermann erstattet hat. Die damalige Bundeskanzlerin Dr. Angela

Merkel nannte diese Art von Schmähkritik "...bewusst verletzend", nahm diesen Vorwurf dann aber leider wieder zurück. Und Heiko Maas, zu der Zeit Bundesminister der Justiz, sagte, dass Erdogan aufhören solle, politische Kritik als Beleidigung zu empfinden. Was ist von einem Bundesminister der Justiz zu halten, der derart abartige und ehrverletzende Worte als politische Kritik bezeichnet? Hier wird wieder mal deutlich, wie unsere opportunistisch angepassten Politiker dem breiten Mainstream nach dem Mund reden.

Sicher, die Meinungs- Presse- und Kunstfreiheit darf in einem Rechtsstaat nicht in Frage gestellt werden. Unter dem Deckmantel dieses Grundrechts aber den vulgär-verbalen Ausbruch des Herrn Böhmermann zu rechtfertigen, halte ich für schlichtweg verfehlt. Aus seiner "Schmähkritik" lässt sich keinerlei Meinungsbildung ableiten. Sie dient aus meiner Sicht einzig und allein dazu, seinen Hass auf den türkischen Präsidenten auf widerwärtige Weise zu transportieren. Mit Satire hat das nichts zu tun.

Wenn es in Deutschland ungestraft möglich ist, eine Person dermaßen verletzend zu beleidigen, dann gibt es den Tatbestand der Beleidigung gar nicht mehr. Ob es sich hier nun um Majestätsbeleidigung handelt oder um die Beleidigung einer jeden anderen Person, ist dabei völlig unerheblich. In unserem Grundgesetz ist nachzulesen, dass die Würde des Menschen unantastbar ist. Daran haben sich auch Moderatoren und Satiriker zu halten. Dass einige Politiker das offenbar anders sehen, ist keineswegs überraschend. Nur allzu gerne springen sie auf den zur Zeit populären Zug der alles

erlaubenden Meinungs- und Pressefreiheit auf. Dass sie
damit einer allmählichen rechtsstaatlichen Degenera-
tion Vorschub leisten, kommt ihnen dabei nicht in den
Sinn.

Übrigens: Als Konsequenz aus der Böhmermann-
Affäre wurde der rechtliche Tatbestand der Majestätsbeleidigung abgeschafft! Armes Deutschland...

Politische Verantwortung

Der legendäre Verhaltensforscher Konrad Lorenz hat
einmal gesagt: "Sie werden es nicht glauben, aber es
gibt Staaten, die von den Klügsten regiert werden – das
ist bei den Pavianen der Fall." Ein amüsantes Gleichnis
und zugleich eine hintergründige Anspielung auf die
in der Politik allgegenwärtige Dummheit. Politiker reden gerne über ihre Verantwortung für Staat und Gesellschaft. Aber wem gegenüber fühlen sie sich wirklich
verantwortlich? Und welche Konsequenzen hat es für
sie, wenn sie ihrer Verantwortung nicht gerecht werden? In einer Demokratie werden Beschlüsse von der
Gesamtheit eines Parlamentes gefasst. Der einzelne Ab-
geordnete kann also gar nicht für die Konsequenzen
der politischen Willensbildung verantwortlich gemacht
werden. Und das Parlament als Kollektiv kann auch
nicht in Sippenhaft genommen werden. Also kann es
nicht so weit her sein mit der Verantwortung. Mandatsträger können für ihr Stimmverhalten nicht zur Rechenschaft gezogen werden.

Anders verhält es sich bei Inhabern politischer Ämter. Ein Minister z.B. kann für die Folgen seines leichtfertigen Handelns durchaus zur Rechenschaft gezogen werden. Andreas Scheuer, Bundesminister für Verkehr und digitale Infrastruktur von 2018 bis 2021, hatte 2018 Verträge mit Betreibern von Mautsystemen abgeschlossen, ohne die rechtliche Freigabe dafür abzuwarten. Dann erklärte der Europäische Gerichtshof die Pkw-Maut für rechtswidrig. Jetzt kommen enorme Schadensersatzforderungen seitens der Betreiber auf den Bund zu. Herr Scheuer wird sich jetzt vor einem parlamentarischen Untersuchungsausschuss verantworten müssen.

Für paradox anmutende Auffassungen können Politiker jedoch nicht belangt werden. Auch nicht dafür, in jeder Krise und in jeder Widrigkeit auch eine „Chance" zu sehen. Silvester 2015 bezeichnete die damalige Bundeskanzlerin Dr. Angela Merkel die massive Zuwanderung als „Chance" für Deutschland. Nur, eine Chance wofür, das sagte sie nicht. So gehen eben aus allen Krisen auch „Chancen" hervor, es kommt immer nur auf die Sichtweise an. Also immer positiv denken! Auch hinter der Corona-Krise verbirgt sich – man glaubt es kaum – eine Chance, die Chance zur beschleunigten Digitalisierung des Schulbetriebes nämlich. Na also! Gibt es angesichts dieser großartigen Chance tatsächlich noch jemanden, der dem Covid-19-Virus nicht seinen Dank erweisen würde?

Und Dr. Norbert Röttgen, Bundesumweltminister von 2009 bis 2012, sagte 2010 vor dem Plenum des Uno-Klimagipfels in Mexiko, der Klimawandel dürfe nicht länger als Bedrohung angesehen werden, sondern man solle ihn als Chance für die Wirtschaft begreifen. Eine völlig absurde Sichtweise. Da soll aus der Not eine Tugend gemacht werden. Wie lange dauert es denn noch, bis der Klimawandel zur notwendigen Voraussetzung für Wirtschaft und Wachstum erklärt wird? Es wäre ein fataler Fehler, sollten die Belange unserer Umwelt zum Spielball marktwirtschaftlicher Interessen werden. Der Klimawandel ist zuallererst ein Problem, dessen Lösung der Menschheit noch viel abverlangen wird. Ihn deshalb als willkommene Chance für Wachstum und Wohlstand zu begreifen, mutet schon fast makaber an.

Auch hier erweist sich mal wieder: Politiker fühlen sich nie für eine Sache um ihrer selbst willen verantwortlich, sondern immer nur für den Nutzen, der sich aus der Sache ableiten lässt. Wer sich also ernsthaft um die Zukunft unserer Welt Sorgen macht, sollte besser nicht auf Politik setzen.

Peter Ramsauer war von 2009 bis 2013 Bundesminister für Verkehr, Bau und Stadtentwicklung. In seine Amtszeit fällt die Einführung der Wahlfreiheit bei Kfz-Kennzeichen. Sicher, viele Menschen begrüßen die Kennzeichen-Liberalisierung aus Gründen der regionalen Identität. Aber wirklich notwendig war die Kfz-Zeichen-Reform nicht, es gibt wohl wichtigere Themen. Wirkliche Verantwortung eines Ministers für Verkehr würde sich z.B. darin zeigen, sich den Problemen anzunehmen, die der zunehmende Individualverkehr mit sich bringt.

Die Europäische Union steht im Ruf, ein Regulierungsverein par excellence zu sein. Legendär bleibt die Verordnung über die zulässige Krümmung der Salatgurke. Eine weitaus jüngere EU-Verordnung von 2016 verpflichtet alle Mitgliedsstaaten dazu, ihre Leuchttürme entlang der Meeresküsten blau-weiß anzustreichen. Dieser Beschluss lässt sich, wie viele andere auch, als Absicht dafür deuten, die nationalen Identitäten verwässern zu wollen. Und deshalb wird die EU von vielen Menschen kritisch gesehen. Den Abgeordneten des Europäischen Parlaments wird vorgeworfen, sich nicht genügend für die nationalen Belange einzusetzen und ihrer Verantwortung für ihre Heimatländer nicht gerecht zu werden.

Nach Ansicht von Experten werden in Deutschland zu wenig Kinder geboren. Um den Bestand der Stammbevölkerung konstant zu halten, müsste sich eine höhere Geburtenrate einstellen. Ein Grund für die niedrige Geburtenrate ist sicher auch der relativ hohe Wohlstand, in dem ein großer Teil der deutschen Bevölkerung lebt. Denn materieller Wohlstand führt zu einer Verschiebung der Prioritäten in Familie und Gesellschaft. Er ermöglicht eine größere persönliche Unabhängigkeit und die Möglichkeit zur individuellen Lebensgestaltung. Und man ist häufig nicht mehr bereit, diese Freiräume durch familiäre Verpflichtungen in Frage zu stellen. Kinder passen dann oft nicht mehr ins Konzept.

Und wie reagiert die Politik? Man hört immer wieder, es müsse mehr staatliche Unterstützung für Kinder geben, dann würden sich auch mehr Paare für Kinder entscheiden. Ja, der Staat kann mit Hilfe von Zuschüssen oder Prämien bestimmte gesellschaftliche Entwicklungen regulieren. Aber ist das auch sinnvoll, wenn eine höhere Geburtenrate angestrebt wird? Es ist klar, Politiker sehen alles aus der Perspektive der Wirtschaftlichkeit. Aber Familienplanung darf nicht auf wirtschaftliche Rentabilität reduziert werden. Für Paare sollte es andere und edlere Motive geben, sich für Nachwuchs zu entscheiden. Aber Politiker vermitteln auch hier keine andere Perspektive als die der Wirtschaftlichkeit und des Wachstums.

Erst Umweltminister, dann Minister für besondere Aufgaben, schließlich Minister für Wirtschaft und Energie. Zwischenzeitlich noch Chef des Kanzleramtes und übergangsweise Finanzminister. Oder auch: Erst Familienministerin, dann Arbeitsministerin, danach Verteidigungsministerin, heute Präsidentin der Europäischen Kommission.

Manche Politiker und Politikerinnen müssen Multitalente sein. Wie sonst ist es ihnen möglich, von heute auf morgen in völlig anderen staatstragenden Funktionen Verantwortung zu übernehmen? So manches „Multitalent" entpuppt sich dann aber als „Universal-Dilettant". Alles will eben gelernt sein. Wer über die Sicherheit von Atomkraftwerken doziert, sollte auch in der Lage sein, eine Steckdose zu montieren. In der Politik ist es nicht anders. Warum war Hans-Dietrich Genscher als deutscher Außenminister so angesehen? Weil er seinen Beruf von der Pike auf gelernt hat. Neben seinen Fähigkeiten als Diplomat wurde er auch wegen seiner Kontinuität als Außenminister in der ganzen Welt geachtet und respektiert.

Kein Vorhaben wird zu einem erfolgreichen Abschluss gebracht werden können, wenn alle naslang das Verantwortung tragende Personal ausgetauscht wird. Der Erfolg eines Projektes ist nicht zuletzt auch von der Beständigkeit der Führungsmannschaft abhängig – in der Forschung, in der Wirtschaft und auch in der Politik.

Die Politik hat es nie geschafft, Probleme nachhaltig in den Griff zu bekommen. In ihren Handlungsoptionen eingeengt von Klientelinteressen, und in ihrer Effektivität gelähmt von demokratischer Kompromissphilosophie, lässt die Politik die Probleme solange anwachsen, bis der „Kessel" zu explodieren droht. Dann bastelt man dilettantisch an den Symptomen der Unvollkommenheit herum, ohne den Mut zu wirklich tauglichen Lösungsansätzen zu haben. Mit der Politik im heutigen Sinne werden die Probleme der Zukunft wohl nicht gelöst werden.

Sie quatschen und quatschen

„Ab jetzt wird geliefert…" Diese Beteuerung soll glauben machen, sich jetzt endlich der politischen Arbeit widmen zu wollen. Dabei ist diese Ankündigung nur als Eingeständnis zu werten, sich bisher nur mit parteiinternen Querelen beschäftigt zu haben.

„Wir werden prüfen; es muss uns gelingen…"

bedeutet, dass mal wieder endlos diskutiert wird, um letztendlich zu keinem Ergebnis zu kommen.

„Die Gespräche haben in entspannter Atmosphäre stattgefunden und waren konstruktiv und offen. Alle waren sich einig, dass ein Kompromiss gefunden werden muss…" will heißen, man ist in der Sache keinen Schritt vorangekommen.

„Das ist mit uns nicht zu machen; wir treffen uns auf Augenhöhe und sind fest entschlossen; ich bin zutiefst überzeugt; es wird nicht daran gerüttelt werden." Politiker verfügen über ein gewaltiges Repertoire an Plattitüden. Parteiaffären will man „rückhaltlos, schonungslos und brutalstmöglich" aufklären. Politisch motivierte Anschläge haben eine „neue Qualität". Aus Krisen geht man stets „gestärkt" hervor. Nach einem miserablen Wahlergebnis gibt es „nichts zu beschönigen." Und wenn die Handynummern von prominenten Politikern gehackt werden, ist das ein „Angriff auf die Demokratie."

Es ist in Deutschland zur Gewohnheit geworden, in allen möglichen rechtswidrigen Taten einen "Angriff auf die Demokratie" zu sehen. Da wurden z.B. persönliche Daten und Dokumente von Politikern und anderen prominenten Persönlichkeiten gestohlen. Kaum wurde der Fall bekannt, war auch schon von einem "Angriff auf die Demokratie" die Rede. Aber was hat denn der Datenklau mit Demokratie zu tun? So gut wie gar nichts. Demokratie ist das politische Prinzip unseres Staates. Die Vorstellung, mit dem Diebstahl personenbezogener Daten ein politisches Prinzip anzugreifen, ist schlichtweg absurd.

Anders verhält es sich bei politisch motiviertem Terror. In diesem Fall lässt sich sehr wohl von einem Angriff auf das politische System sprechen. Aber auch hier handelt es sich letztlich um eine abstrakte Darstellungsform. Terror und Gewalt richten sich primär immer gegen Menschen oder Sachen. Angesichts des ihnen zugefügten Leids müssen sich die bedauernswerten Opfer von Terroranschlägen schlichtweg verlassen vorkommen, wenn Politiker zuerst von Anschlägen auf die Demokratie sprechen.

Alle vier Jahre finden Bundestagswahlen statt, und alle vier Jahre hört man das gleiche Gedröhne der Politiker. „Wir sind wild entschlossen, die Wahl zu gewinnen", so Volker Kauder, seinerzeit Vorsitzender der CDU/CSU- Bundestagsfraktion, anlässlich der Bundestagswahl 2017. Diese Ankündigung ist in seiner grotesk übersteigerten Form an Trivialität kaum noch zu überbieten. Ist doch klar, dass Herr Kauder mit seiner Partei die Wahl gewinnen will, was denn sonst! Irgendwie hat man das Gefühl, Gast in einem politischen Kabarett zu sein. Dieter Hildebrandt mit seiner „Lach- und Schießgesellschaft" hätte sicher seinen Spaß daran gehabt…

Michael Kellner, bis 2022 Bundesgeschäftsführer von Bündnis 90/Die Grünen, gab am Rande der Sondierungsgespräche von sich: „Jamaika könnte das Bündnis der digitalen Chancen werden!" Was sind denn nun digitale Chancen? Sind das im Binärcode verschlüsselte Chancen? Kaum ein Politiker wird die prinzipiellen Vorteile der digitalen Technik erläutern können. Aber alle sülzen mit diesem Thema herum, weil es sich mit dem Ritt auf der populären digitalen Welle beim Wähler leicht punkten lässt.

Regierungsbildung nach der Bundestagswahl im September 2017, hier ein kurzer Abriss des Geschehens:

Die beiden großen Volksparteien fahren dramatische Verluste ein. Die SPD erteilt daraufhin einer möglichen Koalition mit der CDU/CSU eine Absage. Es folgen Sondierungsgespräche zwischen Union, FDP und den Grünen. Sondierungsgespräche werden von Unterhändlern wahrgenommen, als wäre das nicht Aufgabe der eigentlichen politischen Protagonisten selbst. In den Koalitionsverhandlungen hat man es dann wieder mit den gleichen Themen zu tun. Allein daran zeigt sich, dass Sondierungsgespräche nur Larifari sind. Trotzdem dauern sie Monate an und am Ende einigt man sich darauf, die Digitalisierung der Gesellschaft voranzutreiben! Infolge dieses lächerlichen Ergebnisses schmeißt die FDP hin – also alles für die Katz. Aufgrund der allgemeinen Stimmungslage ist die SPD jetzt doch bereit, in Gespräche mit der Union zwecks einer Großen Koalition einzutreten. Allerdings soll die Parteibasis darüber abstimmen. Die jüngere Generation der Sozialdemokraten ist vorwiegend gegen eine GroKo, und so kommt es zu massiven Parteibeitritten jüngerer Leute. Sie wollen bei der Basisabstimmung gegen die GroKo stimmen. Um dieses zu verhindern, ersinnt die Parteiführung eine Satzungsänderung: Nur Mitglieder ab einem bestimmten Mindestalter sollen an der Basisabstimmung teilnehmen dürfen. Zu allem Überfluss setzen die Parteien jetzt auch noch ein

Koordinierungs- und Steuerungsgremium ein.

Ein halbes Jahr nach der Bundestagswahl kommt dann tatsächlich eine Regierung auf Basis einer Großen Koalition zustande. Ein halbes Jahr der laufenden Legislaturperiode, in dem fast ausschließlich taktiert, laviert und jongliert wurde. Ein halbes Jahr, in dem politische Sacharbeit so gut wie nicht stattfand.

Politiker diskutieren über ein Thema nicht einfach nur so, sondern man trifft sich zu einem „Werkstattgespräch". Das klingt interessanter und vermittelt zudem den Eindruck von Effizienz und Produktivität. Allerdings haben die meisten Politiker wohl noch nie wirklich eine Werkstatt von innen gesehen. Und die meisten kennen wohl auch keine andere Arbeitskleidung als Anzug und Krawatte. Und weil die meisten wohl auch nicht mit einer Feile umgehen können, haben sie sich ersatzweise auf eine ausgefeilte Rhetorik verlegt. Wer gerne viel quatscht, ist prädestiniert für den Beruf des Politikers. Aber da sich die politische Arbeit meist schon in der Rede erschöpft, ist Quatschen in der Politik Königsdisziplin und Kardinalfehler zugleich. Als Alternative zum Werkstattgespräch gibt es dann aber auch noch das „Arbeitsessen". Doch auch dieser Begriff ist irreführend. Denn Arbeitsessen heißt ja nicht Arbeitsessen, weil während des Essens gearbeitet wird, sondern weil man die Kosten für das Essen von der Steuer absetzen kann.

Der politischen Arbeit entspringen manchmal beeindruckende Wortkreationen. Das zeigt sich besonders

an den kolossalen Namensungetümen, unter denen
neue Gesetze aus der Taufe gehoben werden. Da gibt es
das Bürokratieentlastungsgesetz, Qualifizierungschan-
cengesetz, Pflegepersonalstärkungsgesetz, Teilha-
bechancengesetz, Terminservice- und Versorgungsge-
setz, Gute-Kita-Gesetz und viele mehr. Nicht ganz so
überladen, aber nicht weniger amüsant klingen Be-
zeichnungen für Konferenzen auf höchster politischer
Ebene: Diesel-Gipfel, Stromtrassen-Gipfel und Funk-
loch-Gipfel haben etwas seltsam Weltfremdes an sich.
Und die Bezeichnung „Digitalpakt" ruft Assoziationen
an den „Warschauer Pakt" hervor.

Im Zusammenhang mit der gesetzlichen Schulden-
bremse sagte die ehemalige Bundeskanzlerin Angela
Merkel im Rahmen einer Neujahrsansprache, man
wolle der nächsten Generation geordnete finanzielle
Verhältnisse überlassen. Wie soll man das verstehen?
Soll jetzt mit der Abtragung des exorbitanten Schuldenberges begonnen werden, den man in den letzten Jahrzehnten aufgetürmt hat? Wohl kaum, die Aussage der
Kanzlerin kann eher als Eingeständnis dafür gewertet
werden, wohl für immer auf den Staatsschulden sitzen
zu bleiben. Die Formulierung „geordnete finanzielle
Verhältnisse" sagt nämlich überhaupt nichts über die
finanzielle Situation aus, und schon gar nicht ist sie
gleichbedeutend mit „schuldenfrei". Sie ist lediglich
eine Metapher dafür, in der Lage zu sein, die Kredite
bedienen zu können. Die Äußerung der Kanzlerin heißt
im Klartext denn auch nur, der nächsten Generation die
Voraussetzungen für die Bewältigung der gewaltigen

finanziellen Bürde mit auf den Weg zu geben. Man kann eben auch einen Schuldenberg geordnet hinterlassen…

Dem US-amerikanischen Präsidenten Donald Trump wurde immer wieder vorgeworfen, mit seiner Losung „America First" den USA per definitionem eine Vorrangstellung innerhalb der Staatengemeinschaft zuzuschreiben. Es wäre kein guter Zug von ihm, damit anderen Ländern und Kulturen Nachrangigkeit zu attestieren.

Aber fordern deutsche Politiker für Deutschland denn nicht genau das gleiche? Auch deutsche Politiker verlangen für Deutschland doch ständig eine Spitzenposition in der Welt. Sie drücken sich nur anders aus als Donald Trump. Da hört man: „Wir wollen größter Autobauer der Welt werden; Wir müssen eine Vorreiterrolle einnehmen; Wir wollen Weltmarktführer sein; Wir müssen Spitzenreiter sein." Die Bundeskanzlerin Dr. Angela Merkel sah Deutschland als „Stabilitätsanker" und „Wachstumslokomotive". Und der vormalige Bundesminister Peter Altmaier mahnte eine führende Rolle bei Wasserstofftechnologie und umweltfreundlichen Fahrzeugen an – Deutschland müsse hier Weltmeister werden. Ja, was soll das alles denn anderes heißen als: Deutschland zuerst!

Und schließlich sei daran erinnert, dass die Deutschen ja auch mal gesungen haben: „Deutschland, Deutschland über alles, über alles in der Welt…"

Angela Merkel sagte einmal, dass eine große Koalition eine Koalition für große Aufgaben wäre. Diese Aussage enthält im Kern eine konstruierte Logik und kann als leeres Gerede abgetan werden. Eine große Koalition wird nie große Aufgaben bewältigen können, weil ihr schon aus Gründen der gegenseitigen Missgunst der Erfolgswille fehlt. Eine große Koalition steht immer für politischen Stillstand und verfolgt einzig und allein ihren Machterhalt.

Redet ein Politiker im Parlament allzu unverblümt Klartext, wird er meist unter Hinweis auf die kultivierte Debatten- und Streitkultur zur Disziplin ermahnt. Eine allzu heftige Ausdrucksweise wäre der Würde des Hohen Hauses nicht angemessen. Per Ordnungsruf wird der couragierte Redner dann meist wieder in die Grenzen der freien Meinungsäußerung verwiesen. In der Politik ist es nämlich verpönt, die ungeschminkte Wahrheit auszusprechen. Und das versteht sich von selbst, denn Politik und Wahrheit passen nun mal nicht zusammen.

In diesem Zusammenhang sei auch die hohe Kunst der Diplomatie erwähnt. Diplomatisches Geschick setzt die Fähigkeit voraus, zwischen gesagt und gemeint unterscheiden zu können. Und ein Diplomat ist jemand, der es gelernt hat, das Gemeinte ins Gesagte zu übersetzen und aus dem Gesagten das Gemeinte herauszuhören.

Kaum zieht die Konjunktur in Deutschland mal etwas an, werden sofort wieder Rufe nach Steuersenkungen laut. Besonders die FDP, als Steuersenkungspartei schlechthin bekannt, legt sich hier immer mächtig ins Zeug: Es ginge doch aufwärts, Deutschland schwimme in Geld. Wolfgang Schäuble, seinerzeit Bundesfinanzminister, reagierte mit deutlichen Worten: „Wir schwimmen nicht in Geld, wir ertrinken in Schulden." Angesichts eines Schuldenberges in Höhe von über 2000 Mrd. Euro eine wohltuend ungeschminkte Klarstellung eines Politikers von Format.

Deutschland sei ein Einwanderungsland, ist von vielen Politikern zu hören. Sie sehen in der multikulturellen Gesellschaft die künftige Sozialstruktur unseres Landes. Zugleich bewerten sie das muslimische Kopftuch als Symbol der patriarchalischen Unterdrückung der Frau. Aber wie verträgt sich das mit der gepriesenen multikulturellen Gesellschaft? Einerseits gibt man vor, andere Kulturen neben der unsrigen existieren zu lassen, andererseits will man sie so verbiegen, dass sie unseren westlichen Vorstellungen entsprechen. Aber das ist ein Widerspruch in sich. Die Integration fremder Kulturen durch Anpassung an unser westlich geprägtes Weltbild wird nicht funktionieren. Also akzeptieren wir doch das Kopftuch. Denn wenn man Multikulti will, muss man auch Multikulti zulassen.

Von Politikern ist oft zu hören: „Gegen rechtes Gedankengut hilft die Stärkung der Demokratie." Wie ist das gemeint, wie soll die Demokratie gestärkt werden? Das sagt keiner… Gerade die Demokratie ist doch ein Staatssystem, in dem die Meinungsfreiheit einen hohen

Stellenwert hat. Und damit bietet die Demokratie auch eine Bühne für rechtes Gedankengut. Wie lässt sich das verhindern? Eigentlich gar nicht! Denn dazu müsste man bestimmte Denkstrukturen von vornherein verbieten. Damit würde sich die Demokratie jedoch selbst ad absurdum führen. Denn man würde gerade die Freiheiten aufgeben, die man zu schützen gedenkt.

Politikverdrossenheit

Immer weniger Menschen beteiligen sich an Wahlen. Und das, obwohl eigentlich alle der Meinung sind, die Demokratie sei es wert, sich für sie zu einzusetzen. Woran liegt es denn, dass so viele Bürger keinen Gebrauch von ihrem Wahlrecht machen? Zum einen verliert Politik in Zeiten des Friedens und Wohlstands allmählich an Suggestivkraft. Trägheit und Gleichgültigkeit machen sich breit. Der Politik ergeht es hier ähnlich wie der Religion. Beide Lehren versuchen, eine von Dogmen bestimmte Weltanschauung zu vermitteln. Das gestaltet sich aber umso schwieriger, je satter die Menschen sind. Mit vollem Magen tut man sich schwer mit dem Wählen und dem Beten. Deshalb wird das Tischgebet auch immer vor der Mahlzeit gesprochen…

Zum anderen haben die Menschen einfach die Nase voll von der Politik. Und das ist auch nicht weiter verwunderlich. Antworten auf dringende Fragen unserer Zeit bleiben aus, effiziente und nachhaltige Lösungskonzepte sind nicht erkennbar. Um von den eigentlichen Problemen abzulenken, wird das Volk mit

Themen wie „Ehe für alle" und „Frauenquote" einge-
lullt. Zudem vermitteln viele Politiker den Eindruck
der elitären Überlegenheit. Einigkeit mit dem Volk
wird mit jovialer Überheblichkeit demonstriert und
wirkt geheuchelt.

Menschen, die einen ausgeprägten Hang zur Selbstbe-
dienung haben, hat es immer gegeben. Das ist bei Politikern nicht anders, denn auch sie sind nur Menschen.
In früheren Zeiten bemühte man sich, unangemessene
Vorteilsnahme möglichst verdeckt zu halten. Wurde
ein solcher Fall öffentlich bekannt, war es dem Übeltä-
ter mehr oder weniger peinlich. Er entschuldigte sich
oder versuchte, seinen Ausrutscher mit dem Anstrich
der Legalität zu versehen. Aber das hat sich geändert.
Politiker sind heute so unverfroren, dass sie gar nicht
mehr versuchen, ihr Fehlverhalten zu rechtfertigen.
Dreist und offen erklärt man dem verdutzten Volk,
dass man sich nehme, was man haben will – in sensib-
len Fällen mit Genehmigung des Bundestages. Arroganz und Volksverhöhnung werden offensichtlich:
Seht her, wir verschaukeln euch…

Politiker auf Bundesebene schwören beim Amtsantritt
unter anderem, den Nutzen des deutschen Volkes zu
mehren. Es drängt sich einem jedoch der Eindruck auf,
dass manche Politiker ihr Amt oder Mandat dazu be-
nutzen, erst einmal ihren eigenen Nutzen zu mehren.
Ein Beispiel hierfür ist die Ausweitung der Privilegien
unserer Bundestagspräsidenten über ihre Amtszeit hinaus. Bis dato waren sie berechtigt, noch weitere vier

Jahre ein Büro, eine Sekretärin und den Fahrdienst des Deutschen Bundestages in Anspruch zu nehmen. So weit, so gut. Doch 2011 regte der amtierende Bundestagspräsident Dr. Norbert Lammert an, diese Zeitspanne um die Dauer der jeweiligen Amtszeit zu erweitern. Im Haushaltsausschuss als auch im Bundestag fand sich eine Mehrheit für dieses Begehren. Begründet wurde das mit der „Wahrnehmung nachwirkender Aufgaben". Herr Dr. Lammert übte das Amt des Bundestagspräsidenten 12 Jahre lang aus. Er darf sich also seit dem Ausscheiden aus dem Amt weitere 16 Jahre in einer Staatskarosse auf Kosten des Steuerzahlers kutschieren lassen.

Man fragt sich allerdings, welche Aufgaben es denn noch 16 Jahre lang für einen ausgedienten Bundestagspräsidenten wahrzunehmen gibt. Bei aller Achtung vor dem Amt, so eine Ausweitung der Privilegien ist unverfroren und die Begründung grenzt an Heuchelei. Die Politik steht ohnehin im Ruf, aus einer Riege von Eigennutzmehrern zu bestehen. Die Entlohnung unserer politischen Amtsträger ist bereits mehr als üppig. Eine über die Amtszeit hinausgehende derartige Privilegierung erweckt den Eindruck, Politiker entfernten sich immer weiter vom Volk und versüßten sich ihr Leben auf Kosten der Steuerzahler. Das wird nicht ohne Folgen bleiben, immer weniger Bürger machen aufgrund zunehmender Politikverdrossenheit von ihrem Wahlrecht Gebrauch. Es ist allemal erstaunlich, dass es überhaupt noch Leute gibt, die angesichts der Selbstbedienungsmentalität vieler Politiker bereit sind, dieses Verhalten mit dem Kreuz auf dem Wahlzettel auch noch zu legitimieren.

Man braucht allerdings gar nicht bis in die Bundespolitik schauen, die Selbstbedienungsmentalität unserer Politiker ist auch auf kommunaler Ebene allgegenwärtig: Von Zeit zu Zeit werden in Gemeinden sogenannte Ortsentwicklungskonzepte erstellt. Die Gemeindevertreter*innen überlegen sich dann, meist unter Hinzuziehung eines Planungsbüros, ob und in welcher Weise sich ihre Gemeinde entwickeln soll. Da wird dann viel geredet über Flächennutzungs- und Bebauungspläne, Landesplanung und Entwicklungskontingente etc. pp. Es soll ausgelotet werden, ob und wie die Gemeinde einwohnermäßig wachsen soll. Nun sitzen aber mitunter auch Mandatsträger im Gemeinderat, denen es nur darum geht, ihren Grundbesitz in Bauland umzuwandeln. Natürlich kann jeder ungeachtet seiner öffentlichen Funktion seinen Acker als Bauland zur Verfügung stellen. Gleichwohl wirkt es irgendwie anrüchig, dass es allzu oft Gemeindevertreter selbst sind, die sich unter dem Deckmantel der Demokratie Besitzvorteile verschaffen. Aber was soll's, die letzte Fruchtfolge bringt eben am meisten.

Man könnte sogar auf die Idee kommen, die Ortsentwicklung diene von vornherein dem Zweck, landwirtschaftliche Flächen zu Bauland aufzuwerten. Aber das wären natürlich alles nur unverschämte Unterstellungen! Selbstverständlich dient die Ortsentwicklung nur dem Wohle der Gemeinden und ihren Bürgern. Ein Schelm, wer Böses dabei denkt…

Das alles ist Wasser auf die Mühlen der politisch Verdrossenen. Sie nehmen den Politikern ihre Bekundungen, zum Wohle der Bürger da zu sein, nicht mehr ab. Zu viele Politiker*innen meinen, sich mit ihrem temporären Amt besondere Vorrechte erworben zu haben. Damit sind sie auch ein wahrhaft schlechtes Vorbild für alle Bürger*innen, die ein Ehrenamt bekleiden. Gerade unsere Politiker betonen doch immer wieder die Wichtigkeit des ehrenamtlichen Engagements. Damit meinen zumindest die Berufspolitiker natürlich nicht sich selbst. Andere sollen unentgeltlich Leistungen für die Allgemeinheit erbringen, während man sich selbst auf Kosten der Allgemeinheit gütlich tut. Wohl kaum ein Politiker, der ein hohes Amt bekleidet, gehört in unserem Staat zur armen Schicht der Gesellschaft. Aber man nimmt mit, was mitzunehmen geht…

Politische Mandate und Ämter werden gerne als Sprungbrett in die Führungsetagen oder Aufsichtsräte der Großindustrie genutzt. Hat man sich als Politiker*in erstmal einen Namen gemacht, ergibt sich dann oft die Möglichkeit, als Chef-Lobbyist in der Wirtschaft auf einen lukrativeren Posten zu wechseln:

Fritz Vahrenholt, in den 1990er Jahren Umweltsenator in Hamburg, wechselte danach in die Wirtschaft. Unter anderem war er Geschäftsführer bei einer RWE-Sparte und bekleidete Aufsichtsratsmandate in etlichen Unternehmen, darunter HEW und Thyssenkrupp.

Stephan Weil, Ministerpräsident von Niedersachsen, und Dr. Bernd Althusmann, sein Wirtschaftsminister bis 2022, sitzen im Aufsichtsrat von VW. Nicht, dass den beiden das einträgliche Zubrot nicht zu gönnen wäre. Aber wo waren sie denn, als die Dieselaffäre bei VW bekannt wurde? Hier hätten sie als Mitglieder des Aufsichtsrats Klartext reden müssen. Aber viel mehr, als sich etwas verlegen zu den exorbitanten Managergehältern bei VW zu äußern, war von ihnen nicht zu vernehmen. Kein Wunder, denn jeder von ihnen trägt für seine Tätigkeit im Aufsichtsrat selbst eine jährliche Vergütung in Höhe von etwa 100.000 Euro nach Hause [Internet: VW, Bezüge des Aufsichtsrats]. Als Mitglied in einem der Ausschüsse des Rates kommen noch einmal 50.000 Euro hinzu. Allerdings nur dann, wenn der Ausschuss mindestens einmal im Jahr getagt hat…

Während der Amtszeit Roland Kochs als hessischer Ministerpräsident soll der Baukonzern Bilfinger Berger einen Auftrag über 80 Mio. Euro zum Ausbau des Frankfurter Flughafens erhalten haben. Kurze Zeit später wechselte Koch dann von der Politik in die Vorstandsetage dieses Unternehmens.

Rein rechtlich mögen Wechsel von Politikern in die Wirtschaft nicht zu beanstanden sein. Aber auf das Vertrauen in die Politik wirken sie sich verheerend aus. Es sind die Wähler, die mit dem Kreuz auf dem Wahlzettel die Politiker in Amt und Würden verhelfen. Und es sind die Politiker, die beim Amtsantritt schwören, sich mit ihrer Kraft dem Wohle des Volkes zu widmen. Ist doch klar, dass die Menschen sich schlichtweg verschaukelt vorkommen, wenn dieser Bezug zwischen Wähler und Gewählten immer wieder verloren geht. Das Funktionieren einer demokratischen Gesellschaft ist nicht zuletzt auch von der Beständigkeit und

Verlässlichkeit der politischen Führung abhängig. Politiker werden in der Regel für die Dauer einer Legislaturperiode gewählt. Das sollten angehende Politiker bedenken, wenn sie sich entschließen, für Amt oder Mandat zu kandidieren. Wechsel in andere, meist lukrativere Tätigkeiten tragen dazu bei, dass das Ansehen der Politik immer weiter ruiniert wird. Als Konsequenz überdenken immer mehr Menschen ihr Verhältnis zur Politik und zur Demokratie insgesamt. Wen wundert es da, dass die Wahlbeteiligung immer tiefer in den Keller geht und sich immer mehr Bürger den extremen Parteien zuwenden.

In einer Demokratie sind Koalitionen, also zeitlich begrenzte Bündnisse politischer Parteien, gang und gäbe. Für den Fall, dass das Ergebnis einer Verhältniswahl keine absolute Mehrheit hervorbringt, soll es mit einer Koalition ermöglicht werden, dennoch eine stabile Regierung zu bilden. Doch führt sich das demokratische Prinzip der Wahl hiermit gewissermaßen selbst ad absurdum. Eine Koalitionsregierung wird im Regelfall zwar eine parlamentarische Mehrheit finden, diese Mehrheit muss im konkreten Fall aber nicht der mehrheitlichen Meinung des Volkes entsprechen. Zum Beispiel hat der Wähler A "Weiß" und der Wähler B "Schwarz" gewählt. Beide Wähler gehen nach der Wahl von einer paritätischen Zusammensetzung des Parlamentes aus. Weil jedoch weder "Weiß" noch "Schwarz" über eine absolute Mehrheit verfügt, kann eine Regierung nur über eine Koalition zustande kommen. Koalitionen aber beruhen auf inhaltliche Kompromisse, so dass beide Wähler am Ende "Grau" bekommen, den kleinsten gemeinsamen Nenner. Das ist aber nicht im Sinne der beiden Wähler, die ja schließlich nicht den politischen Inhalt von "Grau" gewollt haben. Hier wird das demokratische Prinzip, dass sich das Meinungsbild des Volkes über das Instrument der Wahl im parlamentarischen Meinungsbild wiederfinden soll, schlichtweg ausgehebelt. Oft lassen sich parlamentarische Mehrheiten gar nicht mehr durch gesellschaftliche Mehrheiten legitimieren. Das quittiert der Bürger mit Wahlverdruss. Oder er hat genug von den ewigen Kompromissen und wählt nächstes Mal das größere Übel…

Gehört die Zeit der großen Volksparteien der Vergangenheit an? Die Zeiten, in denen sie das politische Leben maßgeblich bestimmten, scheinen vorbei zu sein. Ihr Abschwung scheint unaufhaltsam. Zum einen verlieren die altgedienten Parteien langsam ihre Suggestivkräfte und wirken verbraucht. Zum anderen tragen auch große Koalitionen dazu bei, dass ihre politischen Profile immer mehr an Trennschärfe verlieren. Originäre Unterschiede verschwimmen, den Parteien fällt es immer schwerer, sich inhaltlich voneinander abzugrenzen. Früher mal konnte die FDP den Liberalismus für sich reklamieren, heute kommt keine Partei mehr an dem liberalen Gedanken vorbei. Die Grünen sind als Umweltpartei groß geworden, heute haben alle Parteien den Umweltschutz auf ihrer Agenda.

Die großen Volksparteien schaffen es aus eigener Kraft nicht mehr, Mehrheiten für sich zu gewinnen. Weil sie aber trotzdem regieren wollen, sind sie gezwungen, miteinander zu koalieren. Und genau das ist der Punkt. Mit einer anderen Partei koalieren bedeutet nämlich, Kompromisse einzugehen. Beide Partner müssen ihr eigenes Parteiprogramm in Teilen aufgeben oder abändern. Der Wähler sieht das als Bruch des Wahlversprechens.

Wenn ich eine der Volksparteien wählen möchte, kann ich mir schon vor der Wahl an fünf Fingern abzählen, was ich nach der Wahl bekommen werde. Mit einiger Wahrscheinlichkeit wird es wieder auf eine Koalition hinauslaufen. Auf einen Kompromiss also, für den ich mein Kreuz aber nicht gemacht habe. Oder wie schon gesagt, ich bekomme weder "Weiß" noch "Schwarz", sondern "Grau". Der Wähler fühlt sich getäuscht und kehrt der Politik den Rücken. Und das bekommen zuerst die großen Volkspartien zu spüren. Denn es sind besonders ihre Vertreter, die immer wieder betonen, der Kompromiss gehöre zur Demokratie. Aber immer mehr Menschen haben es einfach satt, ihren Wählerwillen durch einen politischen Schmusekurs aushebeln zu lassen.

Die Europäische Union mit ihrer Entstehungsgeschichte ist ein ausgesprochen komplexes Gebilde. Aktuell sind 27 Mitgliedstaaten unter diesem Dach vereint. Unter ihnen bilden zudem 19 Staaten eine Währungsunion, sie haben den Euro als Staatswährung eingeführt. Über das Für und Wider der EU lässt sich lange streiten. Immer wieder wird der überbordende Verwaltungsapparat, bestehend aus den sieben Organen der EU, moniert. Die EU wurde 1992 mit dem

„Vertrag von Maastricht" gegründet und geht in Folge auf die EWG und EG zurück. Das erklärte Ziel dieses Staatenbundes ist die Förderung von Frieden, Freiheit und Wohlstand. Innerhalb der EU gibt es offene Binnengrenzen und einen am Wettbewerb orientierten, freien Markt.

Die Finanzkrise stellte die EU vor eine außerordentliche Belastungsprobe, ebenso wie die Flüchtlingskrise mit der endlosen Diskussion über den Verteilungsschlüssel für die Zuweisung der Flüchtlinge auf die Mitgliedsstaaten. Der Austritt des Vereinigten Königreiches aus der EU im Januar 2020, der sogenannte Brexit, führte zu weiteren Problemen. Nach Großbritannien könnten weitere Staaten zur Auffassung kommen, die Mitgliedschaft in der EU sei kein Segen, sondern eine Falle. Wer tritt denn schon einem Verein bei, den er nur unter größten Schwierigkeiten wieder verlassen kann? Wohl kaum einer! Und so könnten auch andere Mitgliedsstaaten auf die Idee kommen, sich von der EU zu verabschieden und unter eigener Regie einen anderen Weg in die Zukunft zu gehen.

Aufgabe der EU ist es, durch entsprechende Gesetzgebung ein europäisches Recht zu formulieren. Und dieses EU-Recht muss von allen Mitgliedsstaaten in nationales Recht umgesetzt werden. Das bedeutet letztendlich, das nationale Recht der Mitgliedsstaaten muss mit den rechtlichen Vorgaben der EU kompatibel sein.

Die gentechnisch veränderte Maissorte MON810 wurde 1998 erstmalig von der EU zugelassen. Nach erfolgter Sicherheitsüberprüfung wurde das Saatgut für unbedenklich erklärt. Italienische landesinterne Studien führten allerdings zu dem Ergebnis, dass sich der Anbau dieser Maissorte schädlich auf die Umwelt auswirken kann. Italien sprach daher 2013 ein Anbauverbot für diese Maissorte aus. Der Europäische Gerichtshof hat dieses Verbot dann wieder mit der Begründung kassiert, man könne auf nationaler Ebene nicht verbieten, was auf EU-Ebene erlaubt ist. Italiens Genmais-Verbot wäre nicht mit EU-Recht vereinbar und somit unwirksam.

In Deutschland gab es eine lange Diskussion zur Einführung und Ausgestaltung einer Pkw-Maut. Dann war es schließlich so weit, die Maut sollte generell von allen Nutzern der Autobahnen entrichtet werden. Im Gegenzug sollten deutsche Autofahrer über die Pkw-Steuer entlastet werden. Verkehrsminister Andreas Scheuer hatte – etwas vorschnell – bereits die Verträge zur Erhebung und Kontrolle der Maut mit den Betreibern abgeschlossen. Doch dann kippte der EuGH die Pkw-Maut mit der Begründung, sie wäre nicht mit EU-Recht vereinbar.

Man mag zu diesen Entscheidungen ja stehen, wie man will. Aber was gilt denn nun, nationales Recht oder EU-Recht? Offenbar steht das EU-Recht immer über dem nationalen Recht.

Die nationale Gesetzgebung ist eine hoheitliche Aufgabe eines jeden Staates. Das sollte auch so bleiben, denn hierüber definiert sich die staatliche Autonomie. Es wird wohl nie ganz gelingen, alle Völker Europas unter einem rechtlichen Dach zu vereinen. Dem mag man entgegenhalten, dass dieses Prinzip in den USA ja auch funktionieren würde. Doch der Vergleich hinkt. In den USA sind zwar 50 Bundesstaaten zu einer Union zusammengefasst, aber in allen leben Menschen gleicher Nationalität – Amerikaner nämlich. In Europa ist die Situation eine völlig andere. Die Europäische Union setzt sich aus vielen Völkern zusammen, aus Völkern mit unterschiedlichen Mentalitäten und Kulturen. Sie dauerhaft unter einem Dach zu vereinen, dürfte weitaus schwieriger sein, als es in den USA der Fall ist.

Die Europäische Union hat sich zu einem übermächtigen Konstrukt entwickelt, das viel zu tief in die Autonomie seiner Mitgliedsstaaten eingreift. Dadurch verengen sich deren Entscheidungsspielräume, was einer Abwertung ihrer nationalen Souveränität gleichkommt. Und es ist naheliegend, dass eine mächtige Clique im EU-Parlament versucht, die Richtung vorzugeben. Die anderen sollen abnicken. Wie sonst lässt sich die Aussage eines Politikers verstehen, in der EU herrsche ein System der Einstimmigkeit. Wehe, einer würde ausscheren… Und Sigmar Gabriel sagte auf der sicherheitspolitischen Konferenz der SPD-Fraktion im März 2017 in Berlin: „Die EU ist bis zu einem gewissen Grad auch Ordnungsmacht geworden…"

Die Qual der Wahl

Politische Wahlen haben eine nicht zu unterschätzende psychologische Komponente. Auf den ansonsten politisch ohnmächtigen Bürger wirkt es erhebend, wenn er offiziell nach seiner Meinung gefragt wird. Das Recht, ein Kreuz auf dem Wahlzettel machen zu dürfen, suggeriert ihm ein erhabenes Gefühl von Bedeutsamkeit und Größe. Angesichts der Wahlurne fühlt er sich dem Kreis der Mächtigen und Einflussreichen zugehörig. Dabei soll er mit dem Stimmzettel doch nur einer politischen Elite zur Macht verhelfen. Danach hat er ausgedient und darf wieder angeln gehen.

Ob dieser Aspekt schon bei der „Erfindung" der Demokratie eine Rolle gespielt hat, sei dahingestellt. Der herrschenden Klasse blieb es nicht verborgen, dass sich im Volk zunehmend emanzipatorische Strömungen abzeichneten. Den Absolutisten war auch klar, dass sich diese Entwicklung nicht auf Dauer unterdrücken lassen würde. Die Menschen würden es irgendwann nicht mehr hinnehmen, sich ohne Mitspracherecht regieren zu lassen. Unruhen und Volksaufstände wären die Folge. Und es gab kaum etwas, was die herrschende Klasse mehr fürchtete. Deshalb suchte man nach einer Strategie zur Beruhigung der Lage. Man musste den Bürgern ein Mitspracherecht einräumen, ohne dabei die eigene Herrschaft aufs Spiel zu setzen. Man musste den Menschen glauben machen, politisch etwas bewegen zu können, ohne ihnen wirklich Macht zu verleihen. Und man musste den Willen der politischen Klasse mit dem Anstrich des Volkswillens versehen. Das war die Geburtsstunde der Demokratie. Die Bürger sollten künftig die Politiker wählen dürfen, denen sie am ehesten die Umsetzung des Wählerwillens zutrauten. Sie bestimmten damit zwar immer noch nicht über den politischen Kurs, aber sie durften jetzt diejenigen wählen, die ihn bestimmten. Dieses war ein Zugeständnis an das Volk, allerdings nicht ohne Kalkül. Das Volk gab sich vorerst befriedet, und die gewählten Politiker konnten weiter wie bisher ihre Spielchen treiben. Dieses Prinzip der Demokratie ist im Großen und Ganzen bis heute erhalten geblieben.

Die Demokratie brachte auch eine für die Staatslenker durchaus willkommene Alibifunktion mit sich. Die Schuld an Fehlern und Verfehlungen der politischen Führung konnte man jetzt dem Volk selbst in die Schuhe schieben. Das Volk hätte ja schließlich die Regierung gewählt, nun müsse es auch mit den Konsequenzen leben. Mit dieser Argumentation konnte man jeglicher Bürgerkritik an der Staatsführung den Wind aus den Segeln nehmen. Die Machenschaften der Mächtigen wurden mit ihrer Wahl gewissermaßen legitimiert. Die Demokratie machte das Volk zum Komplizen der Politik. Eine Eigenschaft der Demokratie, aus der die Kollektivschuld des Volkes abgeleitet werden kann. Jeder, der das aktive Wahlrecht ausübt, sollte sich dessen bewusst sein.

Politik – ein Auslaufmodell?

Jedes politische System setzt, was die Wirtschaft betrifft, auf das Wachstumsprinzip. Wirtschaftliches Wachstum ist aber letztendlich abhängig vom Konsumverhalten der Menschen. Ist der Markt gesättigt, kommt das Wachstum aufgrund mangelnder Nachfrage zum Stillstand. Um gegenzusteuern, muss der Markt mit Hilfe neuer Produkte wieder in Schwung gebracht werden. Da aber sehr viele Menschen aufgrund real schrumpfender Einkommen immer weniger Geld für den Konsum zur Verfügung haben, wird sich die Wirtschaft auf diesem Wege kaum erholen.

Es wäre möglich, über die Anhebung der Geburtenrate oder über Zuwanderung die Anzahl der Konsumenten zu erhöhen. Das würde den Staat aber wegen steigender Soziallasten auf die Dauer in die Bredouille bringen. Und auch die Erschließung neuer Absatzmärkte in anderen Teilen der Welt wäre nur ein Hinausschieben des Wachstumskollapses.

Der „Club of Rome" hatte bereits 1972 im Rahmen einer Studie die Grenzen des Wachstums aufgezeigt. Und der Wissenschaftspublizist Hoimar von Ditfurth formulierte treffend, dass ein endloses Wachstum im Plan der Natur nicht enthalten sei.

Es ist ein Naturgesetz, dass es in einem begrenzten System kein unbegrenztes Wachstum geben kann. Ein Kessel mit festem Volumen lässt sich nicht endlos aufpumpen, der Kessel würde irgendwann explodieren. Wachstum kann also nicht das Wirtschaftsprinzip der Zukunft sein. Das sollte eigentlich jedem einleuchten – selbst Politikern. Aber weil die meisten Politiker dieses Wissen ausblenden, wird die Politik zur sozioökonomischen Gefahr für die Menschheit.

Wissenschaftler streben nach Erkenntnis und Wahrheit. Sie erkennen Probleme und suchen nach Lösungen. Wissenschaft ist universal gültig und kennt keine ideologischen Grenzen. Platon hatte wohl Recht mit seiner Auffassung, Politiker sollten Philosophen sein. Denn

Menschen mit Affinität zur Wissenschaft haben naturgemäß einen ausgeprägten Bezug zur Objektivität. Ihre Geisteshaltung leitet sich ab aus der objektiven Bewertung ihrer Erkenntnisse.

Berufspolitiker hingegen vertreten Positionen, die unter opportunistischen Gesichtspunkten zustande gekommen sind. Sie verstehen sich darauf, Tatsachen zu ignorieren oder zu negieren. Sie zerreden Probleme und beschließen nutzlose Maßnahmen. Machterhalt hat immer oberste Priorität. Zudem verfügen sie über das Vermögen, sich in ihrem Meinungsbild chamäleonartig der Zweckmäßigkeit anzupassen. Besonders beim Wechsel von der Oppositionsbank auf die Regierungsbank ist mitunter ein erstaunlicher Gesinnungswandel zu beobachten.

Wolfgang Schäuble sagt, Freiheit und Demokratie würden nur funktionieren, wenn es Regeln gibt. Er hat Recht. Demokratie bedeutet nicht, alles zu deregulieren. Freiheit ist nicht mit Beliebigkeit zu verwechseln. Deshalb braucht auch eine Demokratie ein Regelwerk, an das sich alle zu halten haben. Aber das alleine ist nicht hinreichend. Der Staat muss auch dafür sorgen, dass die Regeln befolgt werden. Und hier gerät die Demokratie in eine Konfliktsituation. Einerseits muss der Staat zur Regelung öffentlicher Angelegenheiten Gesetze und Verordnungen schaffen, um als „Rechtsstaat" zu gelten. Andererseits befürchtet man, dass eine allzu strenge Regulierung zum Verlust der politischen Macht führen könnte. Oder besser gesagt, man fürchtet um seine Wiederwahl.

Politik erkauft sich die Zustimmung des Wählers, indem sie bei der Durchsetzung von Recht und Ordnung gerne mal fünfe gerade sein lässt oder unpopuläre Maßnahmen gar nicht erst beschließt. Deshalb gibt es in Deutschland kein generelles Tempolimit, und deshalb werden die zukünftig für Pkws vorgeschriebenen Speedlimiter deaktivierbar sein. Jedes Land und jedes politische System sind darauf bedacht, seine Bürgerinnen und Bürger mit der Gewährung bestimmter Freiheitsräume bei Laune zu halten. Was den US-Amerikanern der freie Waffenbesitz ist, ist den Deutschen die „Freie Fahrt für freie Bürger".

Mit Hinblick auf die Digitalisierung der Gesellschaft stellt sich die Frage, ob die repräsentative Demokratie überhaupt noch zeitgemäß ist. Bei dieser Form der Demokratie überträgt die Wählerschaft jegliche politische Entscheidungsbefugnis auf ihre gewählten parlamentarischen Repräsentanten. Diese „Herrschaft des Volkes" hat auch seine Berechtigung, solange es nur schwer zu bewerkstelligen ist, alle Bürgerinnen und Bürger eines Landes über einzelne Sachthemen abstimmen zu lassen. Allerdings hat das Wahlvolk nur alle paar Jahre die Gelegenheit, seine Repräsentanten zu wählen. Während der Wahlperiode kann die amtierende Volksvertretung dann machen, was sie will – auch gegen den Volkswillen. Der eigentliche Souverän hat nach der Wahl kaum noch eine Möglichkeit, das politische Geschehen zu beeinflussen. Da erscheint dann der Hinweis auf Artikel 20 unseres Grundgesetzes, dass alle Staatsgewalt vom Volke ausginge, etwas lächerlich.

Außerdem wird wohl selten das gesamte Meinungsspektrum einer Wählerin oder eines Wählers von einer Partei allein abgedeckt. Deshalb wird man sich je nach Sachthema in der einen oder anderen Partei besser aufgehoben fühlen. Aber so eine Differenzierung ist mit dem parteibezogenen Wahlsystem unserer repräsentativen Demokratie kaum möglich.

Mit der digitalen Transformation eröffnen sich neue Wege, die es ermöglichen, Bürgerinnen und Bürger über politische Sachthemen selbst abstimmen zu lassen. Damit wäre der Weg frei für eine direkte Demokratie, eine Form der politischen Mitbestimmung, die einer demokratischen Gesellschaft wohl am nächsten kommt. Niemand bräuchte dann mehr Wahlversprechen zu geben, die ohnehin nicht gehalten würden. Parteiklüngel, politische Korruption und Lobbyismus fänden keinen Nährboden mehr. Aber wohl gerade deswegen werden direkte Demokratien die Ausnahme bleiben.

Politische Macht wird sich auch in Zukunft maßgeblich über Parteiinteressen definieren. Und deshalb wird es mit Politik im herkömmlichen Sinne nie tatsächlichen Fortschritt geben, unabhängig davon, welche Parteien an der Regierung beteiligt sind. Denn es ist letztendlich völlig egal, von welcher Partei das Notwendige nicht getan wird…

Die kollektive Verblödung

Der Verhaltensforscher Konrad Lorenz hat einmal gesagt, der Mensch sei domestikationsgefährdet. Man muss ihm wohl Recht geben. Der Trend zu einer an Vergnügen und Leichtigkeit orientierten Gesellschaft führt zu einer Entfremdung vom elementaren Dasein. Eine zunehmend synthetische Lebensweise macht unsere Spaßgesellschaft anfälliger für die Unbill der realen Existenz. Es fällt den Menschen immer schwerer, ihre elementaren Lebensprobleme in den Griff zu bekommen. Das ist auch der Grund dafür, dass in jüngerer Zeit weniger von Problemen als von Herausforderungen die Rede ist. Denn ein Problem verlangt schon von der Begrifflichkeit her nach Lösung. Herausforderungen dagegen brauchen nur angenommen zu werden. Besonders in der Politik macht man gerne Gebrauch von dieser modern gewordenen Floskel. Spricht man hier von einer Herausforderung, bedeutet das in aller Regel, dass man dem Problem ziemlich ratlos gegenübersteht.

Der Mensch ist aber nicht nur domestikationsgefährdet, er ist auch verblödungsgefährdet! Beide Erscheinungen gehen oft Hand in Hand und bedingen sich gewissermaßen gegenseitig. Verblödung ist nämlich nichts anderes als Domestikation auf geistiger Ebene. Eine verblendete Hinwendung zu Subkulturen wie auch eine kritiklose Mainstream-Konformität führen zu einer realitätsfernen Weltsicht. Meinungs- und Konsumnormen werden von Politik und Wirtschaft definiert und den Menschen mittels der Massenmedien eingetrichtert.

Mediales Blendwerk

Auch die Art der medialen Berichterstattung leistet einen Beitrag zur Verblödung der Gesellschaft. Das beginnt schon bei der Wettervorhersage oder dem „Wetterservice", wie man heute moderner klingend sagt. „Anfangs etwas Regen, später aber wieder freundlicher…" So oder ähnlich hört man es durchweg im Radio. Hier wird dem Hörer auf suggestive Weise die vermeintliche Qualität des Wetters gleich mitgeliefert: Sonne und Trockenheit sind gut, Wolken und Regen dagegen schlecht. Aber warum eigentlich? Der Regen ist doch eine wesentliche Voraussetzung für das kontinentale Leben auf unserem Planeten und hat darüber hinaus einen positiven Einfluss auf das seelische Gleichgewicht der Menschen. Auf Dauer machen Sonnenschein und blauer Himmel nämlich missmutig. Schon Goethe sagte: „Nichts ist schwerer zu ertragen als eine Reihe von schönen Tagen." Er hat Recht. Die Menschen brauchen auch mal Sturm und Regenwetter, um wieder zu sich selbst zu finden.

Ein bewölkter Himmel wirkt immer lebendig, und ziehende Wolken beflügeln die Phantasie. Dagegen gibt es kaum etwas, was so langweilig ist wie ein durchgehend blauer Himmel. Kein Maler der Romantik hat jemals einen wolkenlosen Himmel auf die Leinwand gebannt. Aber die Wettermoderatoren mit dem sonnigen Gemüt sehen das anders. Wegen anhaltender Dürre gibt es für die Tiere auf der Weide kein Gras mehr, die Schwalben verlieren ihren Nachwuchs, und den Bauern steht eine Missernte ins Haus. Doch die „Wellness-Jünger" vom Wetterservice verkünden weiterhin frohlockend „freundliches Gute-Laune-Wetter". Und die paar Wölkchen am Himmel bleiben selbstverständlich „harmlos"! Aus dem seriösen Wetterbericht von einst ist eine heitere Einlage mit Spaßfaktor geworden.

Kurios muten auch die Informationen darüber an, woher Wettergebiete kommen oder wohin sie ziehen. Für gewöhnlich führt man hierfür die entsprechenden Himmelsrichtungen an. Zum Beispiel zieht ein Gewitter von Westen auf, oder ein Hochdruckgebiet naht von Südosten. In jüngerer Zeit setzen einige Hörfunkprogramme jedoch auf eine eher infantil–naive Art der Veranschaulichung. Auf NDR-Info war bezüglich des Hamburger Wetters schon zu hören: „Wolkenfelder ziehen von Harburg heran…" Ja, ziehen die Wolkenfelder denn wirklich von Harburg heran oder nicht vielleicht von den Harburger Bergen? Oder gar vom Autobahnkreuz Maschen? „Über Hamburg liegt ein Regengebiet, das über Bergedorf wieder abzieht…" Da fragt man sich unwillkürlich, wieso ein Regengebiet von überregionaler Größe ausgerechnet über Bergedorf abzieht. Oder auch: „Auflockerungen kommen von Rissen her…" Ja, kommen die Auflockerungen denn tatsächlich von Rissen her und nicht von Blankenese? Irgendwie hat diese Art von Wetterbericht etwas von der surrealen Idylle der „Augsburger Puppenkiste".

In den Medien wird häufig über Geschehnisse in Natur und Umwelt berichtet. Meist sind damit auch Informationen über Größe oder Ausmaß dieser Ereignisse verbunden. Anscheinend traut man dem Publikum aber kein Geschick im Umgang mit Maßeinheiten zu. Anstatt räumliche Dimensionen mit Parametern wie Kilometer oder Kubikmeter zu beschreiben, werden sie oft mit Hilfe von Vergleichen veranschaulicht. Allerdings machen die herangezogenen Vergleiche oft keinen Sinn, weil auch sie keine oder nur vage Vorstellungen in uns auslösen.

Der Moorbrand im Emsland im September 2018 breitete sich über eine Fläche von etwa acht Quadratkilometer aus. Unter dieser Größenordnung, verbunden mit der simplen Maßeinheit Quadratkilometer, kann sich wohl jeder etwas vorstellen. Aber den Leuten vom Rundfunk war das nicht simpel genug. Sie veranschaulichten die Ausmaße des Moorbrandes anhand eines Vergleichs. So war denn zu hören, die vom Feuer erfasste Fläche würde etwa 1000 Fußballfeldern entsprechen. Die Größe eines Fußballfeldes hat wohl jeder vorm geistigen Auge. Auch die drei- oder fünffache Fläche ist vorstellbar. Mit dem 1000-fachen tut sich unser Vorstellungsvermögen jedoch schwer.

Im Zusammenhang mit der Wiederaufforstung von Kahlschlägen in Südamerika wurde die aufgeforstete Fläche mit der Größe des Chiemsees verglichen. Doch auch dieser Vergleich ist wenig hilfreich. Wer weiß denn schon, wie groß der Chiemsee ist... Unter 80 Quadratkilometer hingegen kann sich wohl jeder etwas vorstellen.

Auch in einem Bericht über den drohenden Gletscher-Abbruch am Mont-Blanc bediente man sich eines Vergleichs. Die sich lösende Eismasse würde dem Volumen von 200 olympischen Schwimmbecken gleichkommen. Doch auch dieser Versuch einer Veranschaulichung geht ins Leere. Wer hat denn schon eine Vorstellung vom Fassungsvermögen olympischer Schwimmbecken?!

Immer häufiger werden im medialen Berichtswesen englische Ausdrücke, sogenannte Anglizismen, verwendet. Und das, obwohl keinerlei Notwendigkeit dazu besteht.

Warum redet man von „task force" statt von Arbeitsgruppe, von „workshop" statt von Arbeitskreis? Warum sagt man „highlight performance" statt Glanzleistung, warum „cloud computing" statt Datenwolke? Eine Sportmannschaft hat keinen Trainer mehr, sondern einen „coach". Man besucht nicht mehr eine Veranstaltung, sondern geht zu einem „event". Und für die Beleuchtung der Bühne ist nicht mehr der Lichttechniker zuständig, sondern der „light operator".

Weiß denn jeder, was man unter „podcasting" versteht oder was „government shutdown" bedeutet? Nicht alle wissen, was ein „joint venture" ist. Und nicht jeder kann sich etwas unter „compliance management" vorstellen.

Nicht alle Hörer sind der englischen Sprache mächtig. Für viele tun sich in den Beiträgen deshalb Informationslücken auf, die einen in sich geschlossenen Sinnzusammenhang verhindern. Das ist sicher nicht im Sinne der immer wieder geforderten Barrierefreiheit.

Barrierefreiheit bedeutet ja nicht nur, Rollstuhlfahrern eine ungehinderte Mobilität zu ermöglichen. Barrierefreiheit schließt auch die Möglichkeit einer ungehinderten sprachlichen Verständigung ein. Verbale Verständlichkeit in der Berichterstattung sollte schon aus diesem Grund im Selbstverständnis des öffentlich-rechtlichen Rundfunks liegen. Außerdem ist jeder Haushalt zur Zahlung des Rundfunkbeitrags verpflichtet. Auch hieraus lässt sich ein Anspruch auf sprachliche Verständlichkeit ableiten.

Doch nicht alle lehnen die Verwendung von Anglizismen ab. Man argumentiert, unsere Sprache sei nun mal ständig im Wandel begriffen. Worte wie Party, T-Shirt und Pullover hätten schließlich auch Eingang in unseren Sprachgebrauch gefunden. Es stimmt, unsere Sprache wandelt sich im Laufe der Zeit. Aber die Betonung liegt auf „unsere Sprache". Anglizismen sind aber nicht Teil unserer Sprache. Begriffe wie „Pop-up"-Fahrradweg" oder „Racial profiling" gehören nicht zum deutschen Wortschatz. Die deutsche Sprache verfügt über umfangreiche Ausdrucksmöglichkeiten. Man sollte nicht auf Anglizismen ausweichen, nur weil es modern und innovativ erscheint.

Die Sprache dient der Verständigung und ist das Fundament aller zwischenmenschlichen Beziehungen. Sprachen markieren aber auch verschiedenartige Kulturräume und sind Träger nationaler Identität. Die Kontaminierung der Sprachen mit fremdsprachigen Ausdrücken trägt dazu bei, dass der natürliche Kontrast zwischen den Kulturen mehr und mehr abnimmt.

Politische Untertöne

Die Mainstream-konforme bzw. Mainstream-bildende Rolle der Massenmedien findet seine Entsprechung auch in der politischen Berichterstattung. So waren Berichte über die Ausbreitung des Corona-Virus in China fast immer mit einer abwertenden Anspielung auf das politische System verbunden. Es wurde sogar ein kausaler Zusammenhang zwischen der Verbreitung des Virus und dem Kommunismus hergestellt. Aber während man in den Demokratien noch darüber stritt, ob Corona-Maßnahmen oder Impfpflicht einen Eingriff in die Persönlichkeitsrechte darstellen, haben die Chinesen die Pandemie in den Griff bekommen – wenn auch mit unpopulären Maßnahmen. In Deutschland hingegen beschränkte man sich auf kraftlose Appelle und Empfehlungen – und das pandemische Geschehen nahm seinen Lauf.

Über die Medien wurde verbreitet, dass der belarussische Präsident Lukaschenko die Proteste gegen seine Politik auf das Einwirken westlicher Demokratien zurückführt. Auch wenn das natürlich verneint wurde – ganz von der Hand zu weisen ist das nicht. Die westlichen Demokratien haben doch schon immer versucht, die politischen Systeme derjenigen Staaten zu unterminieren, die ihren Interessen im Wege standen. Und es war doch schon immer ihre Taktik, das Volk in unbequemen Staaten gegen ihre politische Führung aufzuwiegeln. Und auch Demokratien betreiben Propaganda, um Stimmung gegen andere politische Systeme zu machen. Wohl auch aus diesem Grunde versucht die

Führung in Weißrussland, die Berichterstattung für westliche Medien zu verhindern.

Leider gibt es Korrespondenten vom Schlage eines Ulrich Kienzle oder Peter Scholl-Latour nicht mehr. Warum wurde Ulrich Kienzle für ein Interview sogar zu Saddam Hussein vorgelassen? Weil wohl selbst das Saddam-Regime diesem Weltklasse-Korrespondenten vertraute. Man wusste, dass Kienzle absolut integer war und das Interview niemals im Sinne der westlichen Propaganda auslegen würde. Er ist immer bei den Fakten geblieben und hat seine Tätigkeit als Auslands-Korrespondent nie als Instrument zur politischen Stimmungsmache verstanden. Das verschaffte ihm hohes Ansehen in der ganzen Welt – selbst im Irak.

Einige Hörfunkprogramme bieten Sendungen mit Nachrichten für Kinder an. Hier äußern sich Kinder zu aktuellen Themen des Weltgeschehens. Oder besser gesagt, sie plappern vorgesagte Sätze nach. Hier werden Kinder instrumentalisiert, um einen gesellschaftlichen Mainstream zu transportieren – ein äußerst fragwürdiges Vorgehen.

In einer Sendung wurde unter anderem kritisch darüber berichtet, dass die Menschen im Iran bereits im Kindesalter auf das politische System und den Islam als Staatsreligion eingeschworen werden. Doch was ist daran so ungewöhnlich? In der ganzen Welt bekommen die Menschen von Politik und Medien ihre Meinung eingeimpft. Und auch in Deutschland kommen die Kinder mit einer vorgefertigten Meinung von der Schule nach Hause. Überall in der Welt versuchen Politik und

Medien, aus den Menschen Mainstream-konforme „Meinungskonsumenten" zu machen. In den Vereinigten Staaten genauso wie im Iran. Und auch Deutschland macht hier keine Ausnahme.

Im Rundfunk verlieren Berichterstattung und Unterhaltung zunehmend an Kontrast. In Talkshows wird publikumswirksam über politische und soziale Themen debattiert. Auf ein Zeichen der Regieassistenz hin wird artig applaudiert. Und anschließend lässt sich dann an der Einschaltquote erkennen, ob die Show den erwünschten Erfolg gebracht hat.

Politische Satire erfreut sich zwar großer Beliebtheit, reduziert aber den Ernst der Lage auf seinen reinen Unterhaltungswert. Und im amerikanischen Fernsehen tänzeln die Nachrichtensprecher auch schon mal zur Hintergrundmusik. Die Berichterstattung verkommt immer mehr zu einer Showdarbietung. Plakativität geht vor Information, die Seriosität bleibt auf der Strecke. Fernsehen und Hörfunk werden zu Instrumenten der kollektiven Verblödung. Schon für Konrad Lorenz war der Fernseher „...die Idiotenröhre" schlechthin, und auch Marcel Reich-Ranicki sprach vom „...täglichen Blödsinn im TV."

Die digitale Welt

Kaum ein Thema bietet ein größeres Verblödungspotential als das der Digitalisierung bzw. der digitalen Revolution. Die digitale Datenverarbeitung ist nämlich nichts Neues. Diese Technik basiert auf dem dualen Zahlensystem und eignet sich besonders gut zur Adressierung, Übertragung und Speicherung von Informationseinheiten. Schon die ersten EDV-Anlagen aus den fünfziger Jahren arbeiteten nach diesem Prinzip. Dennoch wird die Digitalisierung wegen ihrer enormen Popularität als Inbegriff des Fortschritts gesehen. Besonders Politik und Medien betreiben eine regelrechte Glorifizierung dieser Technologie. Und den Menschen wird bei jeder sich bietenden Gelegenheit suggeriert, nur noch mit dem neuesten Smartphone zukunftsfähig zu sein. Dabei ist den meisten Nutzern solcher Geräte gar nicht bewusst, worin die eigentliche Stärke der digitalen Signalverarbeitung liegt.

Die Überlegenheit der digitalen Informationstechnik zeigt sich in der Verarbeitung und Übertragung alphanumerischer Daten. Zu diesem Zweck werden alle Informationen in Form von Binärcodes dargestellt. Binäre Informationen bestehen aus nur zwei verschiedenen Symbolen. Deshalb sind sie geradezu ideal für die Verarbeitung in digital arbeitenden Maschinen. Sie lassen sich nämlich relativ einfach durch zwei triviale Signalzustände realisieren: Es fließt Strom / es fließt kein Strom.

Auch naturgemäß analoge Signale wie Sprache und Musik werden zunehmend digital übertragen. Zu diesem Zweck wird der stetige Verlauf des analogen Signals durch eine Sequenz von Einzelwerten nachgebildet. Man erreicht das durch eine fortlaufende „Abtastung" des analogen Signals. Die in dieser Weise gewonnenen „diskreten" Werte werden in binärer

Form dargestellt und sind damit für eine digitale Verarbeitung und Übertragung verwendbar. Der Nachteil dieses Verfahrens ist aber, dass der zwischen den Abtastpunkten befindliche Informationsinhalt verloren geht. Für die Wiederherstellung des analogen Signals im Endgerät des Empfängers sind diese Anteile nicht mehr verfügbar. Deshalb hängt die Qualität eines übertragenen Signals stark von der Abtastdichte ab. Besonders auffällig ist das bei der digitalen Telefonie. Die Abtastdichte kann so gering gewählt werden, dass Sprache und Töne nur mit hörbaren Qualitätsverlusten übertragen werden. Laute mit hohen Frequenzanteilen wie „f" und „s" sind dann kaum noch voneinander zu unterscheiden. Ein auditives Signal lässt sich soweit ausdünnen, dass der Gesprächspartner am anderen Ende der Leitung kaum noch zu verstehen ist. Und die Betreiber digitaler Netze machen von dieser Möglichkeit auch rege Gebrauch, um Speicher- und Leitungskapazitäten einzusparen. Ein definierter Grad an „Sprachverstümmelung" wird dabei bewusst in Kauf genommen. Ein digitalisiertes Audiosignal ist daher immer nur ein billiger Abklatsch des ursprünglich analogen Signals. Die digitale Übertragung auditiver Signale hat deshalb entgegen allen Behauptungen nicht nur Vorteile.

Aber die Übertragung von Musik und Telefongesprächen ist wohl auch von nachgeordneter Bedeutung und eher als Einstieg in die digitale Zukunft zu verstehen. Und auch die um sich greifende App-Euphorie dient vielmehr der Etablierung einer digitaltauglichen Gesellschaft. Das eigentlich Revolutionäre an der

Digitalisierung ist aber ihre Eignung zur Übertragung von Schalt- und Steuersignalen. Diese Besonderheit macht es möglich, jegliche Prozesse miteinander in Wechselwirkung zu bringen, sie zu kontrollieren und zu optimieren. Das Endziel ist die gesamtheitliche Vernetzung industrieller, kultureller und sozialer Strukturen – unter Einbeziehung des Menschen in seiner Eigenschaft als Produktionsfaktor und Verbraucher.

Ist von der Digitalisierung die Rede, entsteht häufig der Eindruck, es gehe hier um ein Phänomen mit übernatürlichen Kräften. Politik und Medien hämmern den Menschen regelrecht ein, dass nur mit der Digitalisierung die Zukunftsprobleme gelöst werden können. Der einstige Bundeswirtschaftsminister Peter Altmeier zum Beispiel behauptete lapidar, Probleme im Energiesektor aufgrund fehlender Stromtrassen ließen sich mit dem Einsatz digitaler Technik begegnen. Hier wird in Kenntnis der oft diffusen Vorstellungen vom Wesen der Digitalisierung versucht, den Menschen hanebüchenen Unsinn zu verkaufen. Durch geschickte Steuerung des Energieflusses lässt sich das vorhandene Leitungsnetz zwar besser nutzen, die fehlenden Leitungskapazitäten lassen sich damit aber nicht annähernd kompensieren. Wenn große Energiemengen von den Offshore-Windparks der Nordsee in den Süden Deutschlands transportiert werden sollen, geht das nur über entsprechende Kabel. Daran ändert auch die Digitalisierung nichts. Über das digitale Netz lassen sich binäre Daten übertragen, aber keine einzige Kilowattstunde an elektrischer Arbeit.

Von der Digitalisierung wird weder die Nachhaltigkeit des menschlichen Handelns profitieren, noch wird sich mit ihr der Klimawandel aufhalten lassen. Was die Digitalisierung aber bewirken wird, ist der Abbau von Arbeitsplätzen. Und hierin liegt der eigentliche Zweck dieser Technologie. Nur hierum geht es und nicht etwa um WhatsApp oder Selfies. Das ist eher schmückendes Beiwerk, mit dem die Menschen auf die schöne neue digitale Welt eingestimmt werden sollen. Politiker behaupten zwar immer, durch die Digitalisierung würden Arbeitsplätze entstehen, aber sie sagen das wider besseres Wissen. Zwar kurbelt der Aufbau der digitalen Infrastruktur vorübergehend die Konjunktur an, und es kommen vorerst mehr Menschen in Lohn und Brot. Durch die Digitalisierung selbst werden jedoch Arbeitsplätze verloren gehen. Der eigentliche Zweck dieser Technologie liegt in der Optimierung der industriellen Produktion mit Hilfe autonomer Prozessabläufe. Das ist es, was man unter „Industrie 4.0" versteht. Das Ziel ist die Herauslösung des Menschen aus der Prozesskette. Politiker wissen das, reden aber gerne um den heißen Brei herum. Sie sprechen von Digitalisierung, meinen aber – Automatisierung...

Es ist erschreckend, in welchem Maße viele Menschen ihren Lebensinhalt auf die Nutzung digitaler Medien reduzieren. Die ganze Welt ist mittlerweile von einem regelrechten Digitaltaumel erfasst worden. Man braucht sich nur in der Öffentlichkeit umzusehen: Die digitalen Medien binden immer mehr Lebenszeit. Jede freie Sekunde wird genutzt, um auf das Smartphone zu starren: Beim Warten an der Bushaltestelle, während der Mahlzeiten, beim Schieben des Kinderwagens, beim Gassigehen mit dem Hund und trotz Verbots auch beim Autofahren. Ganze Generationen werden mittels der digitalen Medien dem eigentlichen Leben entzogen. Die Menschen hantieren unentwegt mit ihren Smartphones herum und sind für die wesentlichen Dinge des täglichen Lebens gar nicht mehr zugänglich. Und auch die Medien kommen an einen wie auch immer konstruierten Bezug auf die Digitalisierung nicht mehr vorbei. Kaum eine Reportage, in dem nicht bereits im dritten Satz das Smartphone oder der Laptop Erwähnung findet.

Es gibt genug Studien, die vor einer geistigen und kulturellen Verflachung sowie einer sozialen Verarmung der Gesellschaft warnen, verursacht durch den exzessiven Gebrauch digitaler Medien. Experten verweisen immer wieder auf das enorme Suchtpotential im Umgang mit diesen Medien. Dessen ungeachtet hat sich die frühere Bundeskanzlerin Dr. Angela Merkel in einem Fernsehduell noch 2017 dafür ausgesprochen, die Entwicklung von Computerspielen mit Steuergeldern zu fördern. Vorwärts in die kollektive Verblödung! Zukünftige Generationen werden wohl keine „Beethovens" und „Einsteins" mehr hervorbringen. Wie auch, wenn die Menschen nur noch mit dem Smartphone vor dem Gesicht über den Erdball laufen…

Ständig bekräftigen Politiker ihre Forderung, nun auch die Schulen an die Digitalisierung heranzuführen. Doch sie sagen nie, was man darunter zu verstehen hat. Und das aus gutem Grund. Es ist damit nämlich nichts anderes gemeint, als die banale Ausstattung der

Klassenräume mit PCs, Tablets und anderen digitalen Geräten. Doch das allein wird den Pisa-Studien wohl kaum zu besseren Ergebnissen verhelfen. Denn für den Lernerfolg ist es letztendlich egal, ob der binomische Lehrsatz mit dem Beamer auf ein interaktives Whiteboard projiziert oder mit Kreide auf eine herkömmliche Wandtafel geschrieben wird. Was die Schulen wirklich brauchen, sind engagierte Lehrkräfte, die es verstehen, die Schüler für den Unterricht zu begeistern und die Grundlagen des allgemeinen Wissens auf interessante Weise zu vermitteln.

Die Bedeutung der schulischen Digitalisierung soll hier keineswegs kleingeredet werden. Zweifellos sind sinnvolle und innovative Möglichkeiten des digitalen Lernens denkbar. Und die Corona-Pandemie hat gezeigt, dass dem digitalen Fernunterricht durchaus ein hoher Stellenwert beigemessen werden sollte. Allerdings nur als temporäre Unterrichtsform. Als dauerhafte Einrichtung wird der Fernunterricht den Präsenzunterricht nicht ersetzen können. Und der reguläre Schulbetrieb ist nicht zwingend auf digitale Lehrmittel angewiesen. Dass die „Kreidezeit" in den Klassenzimmern endlich vorbei sein müsse, ist eine von Politikern gern benutzte Floskel ohne jede pädagogische Relevanz. Die Lernergebnisse verbessern sich nicht deswegen, weil die Schüler, anstatt mit Kreide auf der Tafel zu schreiben, mit den Fingern auf dem Touchscreen herumwischen.

Der Rechenschieber hat für den heutigen Schulbetrieb kaum noch Bedeutung. Und dies, obwohl sein didaktischer Wert für den Unterricht nach wie vor unbestritten ist. Aber es haftet ihm der empörende Makel an, nach einem analogen Prinzip zu funktionieren. Und das gilt in unserer digital orientierten Gesellschaft als anachronistisch. Ein Rechenergebnis wird nur noch für authentisch gehalten, wenn es von einem digitalen Display ablesbar ist. Ein Beispiel dafür, wie eine massenkompatible Digitalgläubigkeit zur Ächtung altbewährter Lehrmittel führt.

„Unser Computer hat sich geirrt", war zur Zeit der Umstellung auf EDV eine oft gehörte Entschuldigung seitens der Behörden für fehlerhafte Bescheide. Der diesbezüglich noch unbedarfte Bürger sollte hier schlichtweg für dumm verkauft werden. Ein Computer kann sich nicht irren, genauso wenig, wie sich ein Rechenschieber irren kann. Beides sind im Grunde genommen Maschinen, mit denen eine wohldefinierte Rechenvorschrift – das Programm – abgearbeitet werden kann. Fehler kann hier nur der Mensch machen, beim Erstellen des Programms als auch bei der Dateneingabe. Gleichwohl hat sich ein gewisser Mythos um den Computer bis heute gehalten. Viele Menschen werden immer noch von einem geheimnisvollen Schauer ergriffen, wenn sie von „korrupten Programmen" oder „künstlicher Intelligenz" hören. Und das, obwohl diese Begriffe nur als Worthülsen zu verstehen sind. Die Struktur eines Computerprogramms mag noch so vollgepackt sein mit selbstlernenden Algorithmen, intelligent ist das System trotzdem nicht. Intelligenz kann nur einem mit Bewusstsein ausgestatteten Subjekt innewohnen, einem denkenden Wesen. Ein Computer aber ist und bleibt eine Maschine, ein Objekt ohne Identität.

Auch der raffinierteste digitale Algorithmus kann einer Maschine keine Intelligenz einhauchen.

Die Masche mit der Motivation

Will ein Unternehmen bei gleichbleibenden Produktpreisen eine höhere Rentabilität erzielen, muss die Kosteneffizienz verbessert werden. Und das läuft in der Regel auf den Abbau von Arbeitsplätzen hinaus. Das gleiche Arbeitspensum soll mit weniger Personal geschafft werden. Die verbleibenden Mitarbeiter sollen neben ihren eigentlichen Aufgaben jetzt auch noch Tätigkeiten verrichten, die bislang von anderen Personen wahrgenommen wurden. Das Unternehmen wird deshalb einen Anreiz für die Übernahme dieser Mehrarbeit schaffen müssen. Eine Anhebung der Gehälter kommt nicht in Frage, das würde den Einspareffekt aus dem Stellenabbau ja wieder zunichtemachen. Also muss man sich etwas anderes einfallen lassen. Jetzt kommen die Unternehmensberater ins Spiel, und die haben eine Lösung parat: Man muss den Beschäftigten klarmachen, dass es sich bei den zusätzlichen Aufgaben um eine Maßnahme zur Mitarbeitermotivation handelt. Man wolle den Mitarbeitern in ihrem Wunsch nach mehr Selbstständigkeit am Arbeitsplatz entgegenkommen. Daher gebe man ihnen mit den zusätzlichen Aufgaben nun die Möglichkeit, einen Teil ihrer Arbeit in Eigenverantwortung wahrzunehmen.

Zum Beispiel sollen in der Verwaltung eines Betriebes Stellen abgebaut werden. Davon betroffen ist auch eine Sekretärin, die unter anderem auch für die Buchung der Dienstreisen zuständig ist. Diese Aufgabe muss jetzt neu organisiert werden. Jemand hat die Idee, jeden seine Dienstreisen selbst buchen zu lassen. Den Mitarbeitern könne man das als Gewinn an beruflicher Eigenverantwortung schmackhaft machen. Also tritt man vor die Belegschaft hin und verkündet feierlich: Alle dürfen jetzt ihre Dienstreisen selbst buchen! Aber das ist geheuchelt, gemeint ist: Alle müssen jetzt ihre Dienstreisen selbst buchen!

Besonders im administrativen Bereich wird der digitale Wandel zum Abbau von Fachpersonal führen. Viele Aufgaben, die bisher von versierten Fachkräften wahrgenommen wurden, können heute mit Hilfe mobiler Apps in Eigenregie erledigt werden. Angedient wird den Menschen das mit so modern klingenden Worten wie proaktives Engagement oder innovative Arbeitsgestaltung. Alles Augenwischerei, tatsächlich geht es um Verlagerung von Arbeitsinhalten auf den Endkunden.

Auch das „Homebanking" ist nicht erfunden worden, um den Menschen zu ermöglichen, ihre finanziellen Angelegenheiten bequem von zuhause aus zu erledigen. Den Banken geht es vielmehr darum, über den Abbau von Personal Kosten zu reduzieren. Das ist der eigentliche Grund dafür, warum immer mehr Tätigkeiten an die Bankkunden selbst durchgereicht werden. Und unserer innovationsfreudigen Gesellschaft lässt sich diese Masche dann auch noch als „Kundenservice" verkaufen.

Dieser Trend ist nichts Neues, und er wird sich mit der digitalen Transformation verstärkt fortsetzen. Kompetentes Personal wird in Zukunft immer seltener anzutreffen sein. Und fachkundige Beratung wird zur Ausnahme werden, zumindest für den Standardkunden. Stattdessen wird man immer öfter zu hören bekommen: Sie dürfen jetzt selbst machen… Und allen wird plötzlich klar werden: Ich muss jetzt selbst machen…

Heimische Idylle

Oft lassen sich in unserer Gesellschaft Verhaltensweisen beobachten, die in gewisser Weise widersinnig scheinen. Was sich beim Blick hinüber zum Nachbarn zeigt, hat schon manchmal etwas von Realsatire. Da kommen die Leute von der Arbeit nach Hause, öffnen vom Auto aus per Fernbedienung das Hoftor und fahren aufs Grundstück. Auch das Garagentor öffnet sich auf Knopfdruck. Alles sehr bequem, sie müssen gar nicht erst aus dem Auto steigen. Wenn sich die Tore dann automatisch wieder geschlossen haben, gehen sie ins Haus. Kurze Zeit später kommen sie im Jogginganzug wieder heraus und laufen um den Block. Etwas Bewegung kann ja nicht schaden…

Das Haus ist fertig, zur Einweihung werden viele Gäste erwartet. Damit kein Schmutz ins Haus getragen wird, werden die Gäste gebeten, vor der Tür ihre Schuhe auszuziehen und stattdessen in bereitgestellte Filzpantoffel zu schlüpfen. Ohne sich seinen Unmut darüber anmerken zu lassen, kommt man dieser Aufforderung mit gemimter Bereitwilligkeit nach. Es ist ja nur für dieses eine Mal. So weit, so gut! Irgendwann stellt man aber fest, dass die Filzpantoffel zur dauerhaften Einrichtung geworden sind – wenn denn welche vorhanden sind. Wenn nicht, läuft man in Socken auf dem kalten Fußboden herum. Aber das Schuhverbot gilt. Man achtet peinlich genau darauf, dass niemand in Schuhen das Haus betritt.

Weiterhin fällt auf, dass alle Wohnräume kühl wirken und etwas vom sterilen Charme einer Intensivstation haben. Ein Grund dafür ist, dass nicht ein einziges Bild an den Wänden zu finden ist. Es heißt, man habe sich mit Rücksicht auf die schöne, weiße Raufasertapete entschieden, auf Wandbilder zu verzichten…

Im Garten möchte man es gerne idyllisch haben. Meistens wird dabei aber vergessen, dass eine idyllische Ecke auch ein gewisses Maß an Unberührtheit voraussetzt. Brennnessel und Löwenzahn gehören dazu, und der Rasen darf auch gerne mal etwas über die Gehwegplatten wachsen. Aber das wäre der Idylle dann doch zu viel, der Garten soll ja schließlich einen gepflegten Eindruck machen. Also kommt erstmal der Rasentrimmer zum Einsatz. Eigentlich sind die Deutschen in ihren Gärten ständig am Trimmen. Sie trimmen solange, bis auch der letzte Grashalm ihrem Ordnungssinn entspricht. Der Rasentrimmer – Anfang vom Ende der ländlichen Idylle…

Scheinwelten

Alle wollen Abenteuerurlaub machen und geben sich gern als weitgereiste Weltbürger. In kakifarbener Safari-Montur steht man in John-Wayne-Manier am Check-in-Schalter und ist „Ready for Take-off". Man gibt sich lässig und macht auf erfahrenen Weltenbummler. Die Wildnis ruft, das große Abenteuer kann beginnen. Verspätet sich dann aber der Abflug um eine halbe Stunde, ist das allerdings Abenteuer zu viel. Da wird gleich die Reisegesellschaft auf Schadensersatz verklagt. Und der souveräne Weltenbummler entpuppt sich als kleinkarierter 08/15-Tourist. Abenteurer-Dasein und Vollkasko-Mentalität passen nun mal nicht zusammen.

„Mut zur Veränderung" ist zum Motto unserer Gesellschaft geworden. Ständige Veränderung wird als Schlüssel zu einem erfolgreichen Leben gesehen. Im Prinzip ist das richtig, denn auch in der Natur beruhen Erfolgsstrategien auf Veränderung bzw. Anpassung. Nur ist mit der evolutionär bedingten Veränderung immer ein Wertzuwachs des jeweiligen Systems verbunden. Dagegen verlangt der moderne Zeitgeist nach Veränderung auch ohne konkreten Anlass. Der Ruf nach Veränderung ist zur gewohnheitsmäßigen Floskel geworden. Veränderungen sollten aber immer begründet und zielgerichtet sein. „Das ist nicht mehr zeitgemäß", ist genauso wenig ein Argument für die Veränderung wie „Never change a running system" ein Argument dagegen ist. Veränderung um ihrer selbst willen bleibt jedoch immer sinnloser Aktionismus. So zum Beispiel die in neuerer Zeit aufgekommene Debatte über den Sinn oder Unsinn der geschlechtergerechten Sprache. Es war immer schon klar, dass das Amt eines Ministerpräsidenten auch von einer Frau bekleidet werden kann. Und es ist auch keine Seltenheit mehr, dass der Sitz eines Flugkapitäns von einer Frau eingenommen wird. Und auf dem Lande gibt es schon seit jeher den Bauern und die Bäuerin – auch ganz ohne gesellschaftliche Debatte. Was soll also das ganze künstlich aufgebauschte Gerede darüber, in welcher Form denn nun eine berufliche Funktion zu nennen ist. Das generische Maskulinum versteht sich im Plural immer als geschlechterneutral. Die ganze Diskussion über den Genderstern ist überflüssig und Ausdruck einer übersättigten Wohlstandsgesellschaft, die sonst nichts mehr mit sich anzufangen weiß. Das Gendern trägt in keiner Weise zur tatsächlichen Emanzipation der Geschlechterrollen bei. Das Einzige, was sich mit dem Gendern emanzipiert, ist die Dämlichkeit.

Die Funktion des Sports als Körperertüchtigung verliert immer mehr an Bedeutung. Das ist besonders im kommerziellen Profisport der Fall. Früher hieß es einmal: „Nicht siegen, dabei sein ist wichtig." Diese Maxime hat mittlerweile an Bedeutung verloren. Nicht mehr nur dabei sein, sondern siegen ist wichtig, weil die Bedeutung des Sports mehr und mehr an seinem kommerziellen Erfolg gemessen wird. Der sportliche Wettbewerb unterliegt einem völlig entarteten Konkurrenzdenken, was in der maßlosen Überhöhung seines

Stellenwertes seinen Ausdruck findet. Und hiervon bleibt auch der Hobbysport nicht verschont. Sport treibt man nicht mehr nur, um fit und gesund zu bleiben. Sportliche Aktivität wird zunehmend vom Ehrgeiz geleitet, das körperliche Leistungsvermögen bis zur Olympiareife zu treiben. Nicht nur der Profisport, auch die rein privat betriebene sportliche Betätigung hat mittlerweile obsessive Züge angenommen.

Albert Schweitzer (1875-1965) sagte: „Der moderne Mensch wird in einem Tätigkeitstaumel gehalten, damit er nicht zum Nachdenken über den Sinn des Lebens und der Welt kommt." Auf dieser Erkenntnis beruht auch die Tatsache, dass die Politik dem Sport einen überaus hohen Stellenwert beimisst. Denn der organisierte Sport eignet sich bestens dazu, die Menschen aus dem politischen Geschehen herauszuhalten. Darüber hinaus lassen sich sportliche Ereignisse in hervorragender Weise für politische Zwecke instrumentalisieren. Diese Taktik ist in allen Ländern dieser Welt bekannt, unabhängig davon, um welches politische System es sich handelt.

Eine Szene kurz vor Weihnachten 2020 in einem Supermarkt: Ein kleines Mädchen steht völlig versunken an einem Tisch mit Weihnachtsartikel und bewundert mit leuchtenden Augen einen Rentierschlitten mit Weihnachtsmann, hübsch geschmückt mit Lebkuchen und Süßigkeiten. Doch da erscheint die Mutter. Wütend packt sie ihr Kind am Arm, reißt es vom Tisch weg und schreit: „Das kriegst du nicht! Du weißt genau, dass du nichts bekommst, wo Zucker drin ist!" Resigniert fügt sich das Mädchen dem Unwillen ihrer Mutter, wohlwissend, dass jedes weitere Wort über das bezaubernde Weihnachtsgespann sie nur noch ungehaltener machen würde.

Diese Mutter nimmt ihrem Kind mit ihrer rigorosen Haltung nicht nur die weihnachtliche Vorfreude, sie stiehlt ihm auch die Kindheit an sich. Denn Schokolade und Bonbons gehören nun mal zur Kindheit dazu. Wer von uns Älteren erinnert sich nicht gerne an das mit Zucker bestreute Brot, dass man uns Kindern gab, wenn mal keine Schokolade im Haus war. Irgendwie hat uns das dann immer wieder mit der Welt versöhnt, und geschadet hat es uns auch nicht. Doch dann kamen die Ernährungsberater ins Spiel. Und die verkündeten, dass der Genuss von Zucker generell der Gesundheit abträglich sei und es besser wäre, ganz darauf zu verzichten. Seitdem zeichnet sich in der Gesellschaft ein Trend zur zuckerarmen Ernährung ab. Einige Menschen sind in ihrer Ablehnung alles Zuckerhaften jedoch so verbohrt, dass sie schon hysterisch reagieren, wenn sie nur davon hören. Wie die Mutter des kleinen Mädchens im Supermarkt…

Von der Energie zum Klima

Unsere Erde ist ein ganz besonderer Planet. Als einziger unter den acht Planeten unseres Sonnensystems erfüllt er alle Voraussetzungen, die Leben in unserem Sinne überhaupt erst möglich machen. Und in der Gesamtheit des Universums sind Planeten mit erdähnlichen Lebensbedingungen wohl auch eher die Ausnahme. Unter der Vielzahl von Voraussetzungen, die für die Existenz von Leben erfüllt sein müssen, ist das Vorhandensein und die Beschaffenheit einer Atmosphäre von elementarer Bedeutung. Zum Beispiel ist ein gewisser Anteil von Sauerstoff unabdingbar für jede Form organischen Lebens. Unsere Atmosphäre schützt uns aber auch vor Bedrohungen aus dem All wie gefährliche Strahlung oder kleinere Meteoriten, die beim Eintritt in die Lufthülle verglühen.

In der Wärmefalle

Seit Beginn der Klimadebatte rückt das Kohlendioxid in der Luft mehr und mehr in den Fokus der Aufmerksamkeit. Denn als sogenanntes Treibhausgas wirkt sich CO_2 gravierend auf den Wärmehaushalt der Erde aus. Es lässt zwar die Sonnenstrahlen durch die Atmosphäre zur Erde gelangen, versperrt aber einem Teil der Wärmestrahlung den Weg zurück in den Weltraum. Je nach seinem Anteil in der Luft ändert sich das Verhältnis von eingestrahlter zu abgestrahlter Wärme. Beim natürlichen Treibhauseffekt ist dieses Verhältnis so bemessen, dass sich die durchschnittliche Temperatur auf der Erdoberfläche bei etwa 15°C einpendelt – ideal für Leben auf unserem Planeten. Doch der Mensch ist dabei, dieses empfindliche Gleichgewicht nachhaltig zu stören. Ursache dafür ist die Energiegewinnung aus Verbrennung fossiler Energieträger wie Kohle, Öl und Gas. Infolge des gewaltigen Energiebedarfs unserer Zivilisation hat sich der Anteil des Kohlendioxids in der Atmosphäre seit Beginn des industriellen Zeitalters von 0,028% auf 0,040% erhöht. Das ist ein Anstieg um 43%. Das wiederum hat zur Folge, dass weniger Strahlungswärme in den Weltraum entweichen kann als die Erde von der Sonne empfängt. Der Wärmehaushalt der Erde ist somit nicht mehr ausgeglichen, die durchschnittliche Temperatur nimmt zu. Es lässt sich nicht mehr leugnen, der neuzeitliche Klimawandel ist menschengemacht.

Klimaneutrale Energie

Um den anthropogenen Anteil am Treibhauseffekt möglichst gering zu halten, muss der Eintrag von Kohlendioxid in die Atmosphäre drastisch gesenkt werden. Eine Möglichkeit ist, auf Energiequellen auszuweichen, deren Nutzung nicht mit der Freisetzung von CO_2 einhergeht oder zumindest CO_2-neutral ist.

Da wäre erst einmal die Kernenergie zu nennen. Diese Form der Energie hinterlässt nur einen kleinen ökologischen Fußabdruck und ist darüber hinaus nahezu unerschöpflich. Aber die Kernkraft ist ein Dämon, welcher der Materie selbst innewohnt und nur schwer zu beherrschen ist. Er verzeiht keine Fehler im Umgang mit seiner selbst, wie die nuklearen Katastrophen in Tschernobyl und Fukushima gezeigt haben. Aus diesem Grund hat man in Deutschland den Ausstieg aus der Kernenergie beschlossen. Die letzten Kernkraftwerke sollten eigentlich 2022 vom Netz gegangen sein. Allerdings hat die Politik angesichts der Energiekrise – ausgelöst durch den russischen Angriff auf die Ukraine – die Laufzeiten der noch verbliebenen Kernkraftwerke bis April 2023 verlängert.

Photovoltaik ist sicher eine hervorragende Möglichkeit zur direkten Nutzung der Sonnenenergie. Ihre Ergiebigkeit ist allerdings je nach Jahreszeit, Tageszeit und Witterung starken Schwankungen unterworfen. Zudem sind die Tageszeiten des größten Energiebedarfs antizyklisch zu denen des größten Energieangebots.

Wasserstoff als Energieträger macht nur dann Sinn, wenn er mit CO_2-neutralen Verfahren hergestellt wird. Um sogenannten grünen Wasserstoff mittels Elektrolyse zu gewinnen, muss der dafür benötigte Strom also aus regenerativen Energiequellen kommen. Von besonderer Bedeutung ist in diesem Zusammenhang die Solarenergie. Aber bis zur Nutzung im großen Stil werden noch Jahrzehnte vergehen.

Wind- und Wasserkraft haben ihren Ursprung letztendlich in der Sonnenenergie, da das Wettergeschehen ein energetischer Prozess ist, der von der Sonne gespeist wird. Der Anteil der Windkraft am deutschen

Energiebedarf liegt derzeit bei etwa 23%. Auf die Wasserkraft entfallen etwa 3%.

Nachwachsende Rohstoffe als Energieträger zeichnen sich dadurch aus, dass ihre Nutzungsrate nicht größer sein kann als ihre Regenerationsrate. Eine Übernutzung schließt sich aus, weshalb hier von einer nachhaltigen Energiewirtschaft gesprochen werden kann. Ganz im Gegensatz zu fossilen Energieträgern wie Kohle, Öl und Gas. Hier baut der Mensch in kurzer Zeit einen Vorrat an wertvollen Ressourcen ab, für dessen Anlage die Natur Jahrmillionen gebraucht hat. Von Nachhaltigkeit kann hier nicht die Rede sein – vielmehr von Raubbau an der Natur.

Auch Erdwärme und Gezeitenkraft zählen zu den erneuerbaren Energien. Die Erdwärme, auch geothermische Energie genannt, ist in der Masse unseres Planeten gespeichert und könnte den Energiebedarf der Menschheit wohl für den gesamten Zeitraum ihrer Existenz decken. Gezeitenkraftwerke gewinnen Energie aus der Rotation der Erde und dem Umlauf des Mondes. Aber auch diese Art der Energiegewinnung bleibt letztendlich nicht ohne Folgen. Auf lange Sicht wird sich die Rotation der Erde verlangsamen, und der Abstand Erde-Mond wird abnehmen.

Es sei noch erwähnt, dass die Begriffe „erneuerbar" und „regenerativ" im Zusammenhang mit der Nutzung von Energie eigentlich unzutreffend sind. Energie kann nicht erneuert oder regeneriert werden, sie kann auch nicht „verbraucht" werden. Energie lässt sich immer nur von einer Form in eine andere umwandeln, z.B. Sonnenenergie in Strom oder Strom in mechanische

Energie. Wir nennen Energie „erneuerbar" oder „regenerativ", wenn ihre Entnahme aus dem energetischen Naturhaushalt sich aus Quellen speist, die praktisch unbegrenzt Nachschub liefern können.

Weg aus der Klimakrise

Der Weltenergiebedarf als auch der Ressourcenverbrauch hängen im Wesentlichen von zwei Faktoren ab: Von der Anzahl der Menschen auf der Erde sowie von deren Lebensstandard. Beides wächst mit rasantem Tempo. Allein das wird irgendwann zum Kollabieren des Systems Erde-Mensch führen. Und wird der Energiebedarf weiterhin in hohem Maße mit fossilen Energieträgern gedeckt, ist die Klimakatastrophe vorprogrammiert.

Soll der weltweite Energiebedarf nicht ins Unermessliche steigen, wird sich die Menschheit von der Philosophie eines andauernden wirtschaftlichen Wachstums verabschieden müssen. Auch das Anspruchsdenken bezüglich eines stetig ansteigenden Lebensstandards wird relativiert werden müssen. Besonders die westliche, fortschrittsgläubige Konsumgesellschaft muss begreifen, dass das permanente Streben nach einem immer höheren Lebensstandard sich nicht mit der Idee einer nachhaltigen Lebensweise verträgt. Vielmehr wird der materielle Standard in dem Maße gesenkt werden müssen, wie die Weltbevölkerung wächst. Nur so wird sich eine gewisse Nachhaltigkeit im Umgang mit den natürlichen Ressourcen herstellen lassen.

Viele Menschen halten es jedoch nicht für erforderlich, ihr Konsumverhalten zu ändern. Und viele Politiker*innen haben dann auch gleich ihre Fahne nach dem Wind gehängt. Als opportunistische Mainstream-Folger*innen reden sie den Verfechter*innen eines „Nobel geht die Welt zugrunde" nach dem Munde. Dabei wäre die Politik angesichts eines solchen Zukunftsproblems gefordert, ernsthaft ihre Lenkungsfunktion wahrzunehmen. Aber Politiker*innen geben nur vor, sich für eine zukunftsfähige Welt einzusetzen. Tatsächlich engagieren sich die meisten aber nur als Interessenvertreter*innen – vorwiegend für die eigenen Interessen.

Die große Mehrheit aller Politiker*innen lehnt staatlich auferlegte Restriktionen zur Bekämpfung des Klimawandels ab. Es wäre nicht Aufgabe der Politik, die Menschen zu einer Verhaltensänderung zu zwingen. Dem Weg eines angeordneten Verzichts- und Verbotsklimaschutzes würde ohnehin kaum jemand folgen. Man setze auf Vernunft und Freiwilligkeit. Allerdings wären politische Weichenstellungen notwendig. Es müssten Anreize für die Entwicklung innovativer Technologien zur Reduzierung von Treibhausgasen geschaffen werden. Nur wenn es gelänge, wirtschaftliche Stärke und Wohlstand zu erhalten, könne Klimaschutz erfolgreich sein...

Das alles sind Äußerungen von politischen Personen, die offensichtlich den Ernst der Lage noch nicht erkannt haben. Es ist zu bezweifeln, dass die Menschen ihr Konsumverhalten freiwillig ändern werden. Jedenfalls nicht in dem Maße, wie die Notwendigkeiten es erfordern. Ein Beispiel dafür ist die zunehmende Zahl solcher Fahrzeuge, die nur dem Transport von Personen dienen, mit ihrem massiven Erscheinungsbild und der exorbitanten Motorleistung aber an Kampfpanzer erinnern. Der Mensch ist zwar vernunftbegabt, aber nur dem Vermögen nach. Genetisch ist er nämlich auf „schneller, weiter, höher" programmiert. Die Vernunft bleibt meistens auf der Strecke. Angesichts solcher Bedrohungen wie dem Klimawandel ist die Politik deshalb in der Tat gefordert, das Verhalten der Menschen in entsprechende Bahnen zu lenken. Was denn sonst sollen politische Weichenstellungen sein. Butterweiches Gequatsche von Vernunft und Freiwilligkeit allein ist keine politische Weichenstellung. Wer sagt, dass staatlicher Zwang nie das richtige Mittel sein kann, vergisst, dass der Staat doch permanent Zwang ausübt. Das ganze rechtsstaatliche System von Gesetzen und Verordnungen ist doch ein einziges Instrument zur Legitimierung staatlichen Zwangs. Die selbst in der Politik oft vertretende Auffassung, dass staatlich angeordneten Verboten kaum jemand folgen würde, kommt daher einer Bankrotterklärung der Demokratie gleich…

Und eins sei noch gesagt: Wirtschaftliche Stärke und Wohlstand sind zwar hohe gesellschaftliche Güter, stehen aber auf der Prioritätenliste nicht immer an erster Stelle. Wenn die Folgen der Erderwärmung so dramatisch sein werden, wie es Wissenschaftler vorhersagen, und wenn die Politik das ernst nimmt und gegensteuern will, dann hat sich das ganze Gerede um den ach so schönen Wohlstand den notwendigen Maßnahmen zur Vermeidung der finalen Katastrophe unterzuordnen.

Die Verlärmung der Welt

Eines der großen zivilisatorischen Probleme unserer Zeit ist die zunehmende Verlärmung unseres Lebensraumes, gerade im Hinblick auf das enorme Wachstum der Weltbevölkerung. Lärm stellt für Mensch und Umwelt eine immer größer werdende Belastung dar. In den Industrieländern gibt es eigentlich keine lärmfreien Zonen mehr, auch nicht auf dem Lande. Die Ballungsräume sind häufig vollkommen verlärmt, entlang den Hauptverkehrsadern liegt ein regelrechter Lärmteppich über der Landschaft. Und im Umfeld von Großflughäfen sind die Menschen aufgrund der lärmintensiven Start- und Landephasen besonders hohen Belastungen ausgesetzt.

Die Auswirkungen von dauerhaftem Lärm auf das Befinden der Menschen sind hinreichend bekannt. Mediziner warnen vor einer Zunahme lärmbedingter Stresserkrankungen. Aber das wird von der Politik überhört. Auf das Thema Verkehrslärm angesprochen, geben sich Politiker reserviert. Denn die Tatsache der zunehmenden Verlärmung steht im Widerspruch zu ihrem vom Fortschrittsglauben geprägten Weltbild. So wird die Politik dieses wie auch alle anderen zivilisatorischen Zukunftsprobleme fahrlässig beiseiteschieben.

Lärmender Straßenverkehr

Der weitaus größte Anteil an der allgemeinen Lärmbelastung geht auf den Individualverkehr zurück. Der emittierte Lärm eines Fahrzeuges steigt mit zunehmender Geschwindigkeit – und zwar exponentiell. Das gilt für den Schall, der durch die rollenden Reifen auf der Fahrbahn sowie von der aerodynamischen Umströmung des Fahrzeuges verursacht wird. Die Rollgeräusche der Reifen nehmen in ihrer Intensität quadratisch mit der Fahrgeschwindigkeit zu. Eine Verdopplung der Fahrgeschwindigkeit führt also zu einer Vervierfachung der Schallintensität. Das entspricht einem Anstieg des Geräuschpegels um 6 Dezibel. Die Schallintensität aus der Umströmung des Fahrzeuges nimmt sogar mit der sechsten Potenz der Geschwindigkeit zu. Das doppelte Tempo führt also zu einer 64-fachen Schallintensität – einem Anstieg des Lärmpegels um 18 Dezibel! Auch die Tatsache, dass Autos aufgrund einer verfehlten Verkehrspolitik immer größer und schwerer werden, vergrößert die Lärmproblematik immens.

Aus diesen Gründen liegen die Landschaften abseits der Autobahnen oft kilometerweit ins Land hinein unter einer permanenten Lärmglocke. Die Politik jedoch scheint dieses Problem nicht wahrzunehmen. Mehr noch, so mancher Politiker sieht im Verkehrslärm sogar ein Indiz für eine florierende Wirtschaft, wenn nicht gar für den Fortschritt. Das Millionen von Menschen tagaus tagein unter Verkehrslärm leiden und irgendwann durchdrehen werden, ist ihnen egal. Lärmschutz hat im Gegensatz zu PS-Boliden keine politische Lobby.

Tempolimit und Artikel 2 GG

Ein generelles Tempolimit auf Autobahnen brächte neben einer deutlichen Reduzierung der CO_2-Emissionen auch eine spürbare Lärmentlastung für Millionen von Menschen. Aber das war vor allem mit unserem früheren Bundesverkehrsminister Andreas Scheuer nicht zu machen. Für ihn waren solche Überlegungen „…gegen jeden Menschenverstand" gerichtet. Mal abgesehen davon, dass diese merkwürdige Äußerung jeder Logik entbehrt, ist sie ein Schlag ins Gesicht all derjenigen, die unter dauerhaftem Verkehrslärm leiden. Im Übrigen verrät diese gleichermaßen arrogante wie höhnische Geisteshaltung, dass Herr Scheuer wohl weniger das Wohl der Allgemeinheit im Auge hatte als vielmehr seine berufliche Perspektive nach seiner Zeit als Politiker. Wenn ihm die Lebensqualität von Millionen von lärmgeplagten Menschen wirklich am Herzen läge, hätte er sich für ein Tempolimit ausgesprochen. Niemand hätte Nachteile davon, aber für viele Menschen wäre es ein enormer Gewinn an Lebensqualität. Doch Herr Scheuer dachte nicht daran, über eine Absenkung des Geschwindigkeitsniveaus eine Entspannung der Lärmsituation herbeizuführen. Das wäre für eine eventuelle postparlamentarische Karriere in der Automobilindustrie wohl auch nicht förderlich gewesen.

In fast allen Ländern der Erde gibt es Tempolimits auf den Autobahnen, die streng auf ihre Einhaltung hin kontrolliert werden – nur in Deutschland nicht. In fast allen Ländern der Erde werden Verstöße gegen die

Tempolimits mit empfindlichen Strafen geahndet – nur in Deutschland nicht. Freie Fahrt für freie Bürger, das ist hierzulande immer noch die verkehrspolitische Parole. Eine nicht nur längst überholte Sichtweise der 1980er-Jahre, sondern auch ein völliges Missverständnis von demokratischer Freiheit.

Laut unserem Grundgesetz, Artikel 2, hat jeder das Recht auf Leben und körperliche Unversehrtheit. Aus diesem Grundrecht leitet sich die Pflicht des Staates ab, Leben und Gesundheit seiner Bürger zu schützen. Es ist aber der Staat selbst, der mit der Ablehnung eines generellen Tempolimits dem Schutz seiner Bürger nicht gerecht wird. Obwohl erwiesen ist, dass die meisten schweren Verkehrsunfälle auf zu schnelles Fahren zurückzuführen sind, gibt es in Deutschland kein generelles Tempolimit auf Autobahnen. Und obwohl Millionen von Menschen infolge zu schnellen Fahrens unter ständigem Verkehrslärm leiden, gibt es in Deutschland kein generelles Tempolimit auf Autobahnen. Die Bundesregierung lehnt nach wie vor ein generelles Tempolimit auf Autobahnen ab, obwohl es keine stichhaltigen Gründe gegen eine solche Begrenzung gibt und die Einführung mit relativ geringem Aufwand möglich wäre. Unser Staat kommt somit seinen Verpflichtungen aus Artikel 2 des Grundgesetzes nicht nach. Folglich trägt er eine Mitschuld am Verlust von Leben und Unversehrtheit vieler Menschen, die bei Unfällen infolge zu hoher Geschwindigkeit zu Schaden gekommen sind und noch zu Schaden kommen werden. Es sollte deshalb einmal geprüft werden, ob die ablehnende Haltung unserer Regierung gegenüber einem generellen

Tempolimit nicht den Tatbestand der fahrlässigen Körperverletzung – gegebenenfalls sogar mit Todesfolge – erfüllt. Und was die Lärmbelastung der Menschen infolge zu schnellen Fahrens betrifft, müsste sich unser Staat zumindest der unterlassenen Hilfeleistung verantworten.

Auch in Deutschland wird sich die Politik einem generellen Tempolimit auf Dauer nicht entziehen können. Das setzt aber Politiker voraus, die sich der Vernunft und dem Wohle des Volkes mehr verpflichtet fühlen als ihrer eigenen Karriere. Und es setzt Politiker voraus, die kapiert haben, dass der Slogan „Freie Fahrt für freie Bürger" längst nicht mehr zukunftsweisend ist.

Richtlinie in der Praxis

Um den schädlichen Auswirkungen der zunehmenden Verlärmung auf Mensch und Umwelt entgegenzuwirken, hat das Europäische Parlament 2002 eine Umgebungslärmrichtlinie erlassen. Diese Richtlinie verpflichtet alle EU-Staaten dazu, die Belastung durch menschengemachten Umgebungslärm zu ermitteln und in Lärmkarten darzustellen. Für besonders betroffene Bereiche sollen dann Lärmaktionspläne erstellt werden, die konkrete Maßnahmen zur Lärmminderung vorsehen. Die Umsetzung dieser Richtlinie könnte auch zu einer deutlichen Entspannung der Lärmsituation führen, insbesondere der des Verkehrslärms. Aber leider hat man es in Brüssel versäumt, sich auf einen einheitlichen Standard zur Ermittlung der Lärmpegel festzulegen. Es bleibt den Ländern überlassen, die Lärmpegel über Messverfahren zu ermitteln oder mithilfe von Computermodellen zu berechnen. Die Ergebnisse aus Messungen kommen der Realität naturgemäß immer am nächsten. Trotzdem hat man sich in Deutschland entschieden, Straßenverkehrslärm zu berechnen. Begründet wird das mit der Unabhängigkeit von gerade vorherrschenden Randbedingungen wie Verkehrsdichte, Beschaffenheit der Fahrbahn oder Witterungseinfluss. Aber das ist wenig glaubhaft. Der eigentliche Grund liegt wohl eher darin, dass es in Rechenmodellen immer Möglichkeiten gibt, manipulativ in den Programmablauf einzugreifen und die Resultate schönzurechnen.

Rechenmodelle zur Berechnung des Straßenverkehrslärms arbeiten vorwiegend mit Annahmen und Randbedingungen. Diese müssen natürlich möglichst wirklichkeitsnah sein, um glaubwürdige Resultate zu erhalten. Das gilt besonders für so ergebnisrelevante Parameter wie die Geschwindigkeiten der Fahrzeuge. Auf die empfindliche Abhängigkeit des emittierten Verkehrslärms von der Fahrgeschwindigkeit wurde bereits eingangs dieses Kapitels hingewiesen.

Maßnahmen zum Schutz der Bevölkerung vor Verkehrslärm sind aufwendig und teuer. Man wird also alles daransetzen, die Lärmschutzmaßnahmen in Anzahl und Ausführung auf niedrigem Niveau zu halten. Lärmkarten, die eine möglichst entspannte Lärmsituation aufzeigen, kommen einem da entgegen. Um hier etwas nachzuhelfen, bedient man sich in Deutschland eines schmutzigen Tricks. Statt mit den tatsächlich gefahrenen Geschwindigkeiten füttert man die Rechenmodelle ganz einfach mit den maximal zulässigen Geschwindigkeiten. Damit bleibt aber gerade der Anteil des Verkehrs außen vor, der wegen zu hoher Geschwindigkeit besonders lärmintensiv ist. Und dieser Anteil ist ziemlich groß, denn in Deutschland hält sich kaum jemand an Tempolimits. Die Lärmsituation wird also wider besseres Wissen schöngerechnet. Ein Großteil der Lärmkarten ist ohne Realitätsbezug. Das man sich damit in die eigene Tasche lügt und die Menschen wieder einmal hinters Licht führt, ist den meisten Politikern egal.

Limiter, die nicht limitieren

Es fragt sich, warum die gefahrene Geschwindigkeit nicht längst automatisch auf den zulässigen Wert begrenzt wird. Die digitale Navigationskarte enthält bereits alle dafür benötigten Informationen wie zum Beispiel die zulässigen Geschwindigkeiten auf den jeweiligen Streckenabschnitten. Eine Funktion der Motorsteuerung könnte dann in Verbindung mit dem GPS dafür sorgen, dass die Raserei auf den Straßen der Vergangenheit angehört. Das wäre dann tatsächlich mal ein wirklicher Fortschritt. Ab 2022 sollen dann auch EU-weit Geschwindigkeitsbegrenzer für alle Neuwagen vorgeschrieben werden. Jetzt aber anzunehmen, dass dann Schluss ist mit der Raserei, wäre jedoch weit gefehlt. Denn die Speedlimiter sollen nämlich jederzeit deaktiviert werden können…

Aber warum soll denn so ein Assistenzsystem überhaupt zwingend vorgeschrieben werden, wenn es sich doch ohne weiteres deaktivieren lässt? Meiner Ansicht nach deshalb, weil es Kalkül einer heuchlerischen Politik ist. Einerseits soll nämlich der Anschein gewahrt werden, dass der Staat seiner Pflicht zur Gewährleistung der Sicherheit im Straßenverkehr nachkommt. Andererseits weiß man recht gut, dass ein autonomes System zur Vermeidung von Geschwindigkeitsüberschreitungen auf breite Ablehnung stoßen würde. Denn in Deutschland hält sich so gut wie niemand an Tempolimits. Und der Staat hat, nachdem er jahrzehntelang bei zu schnellem Fahren mehr oder weniger weggesehen hat, seine Autorität bezüglich einer konsequenten Tempokontrolle längst verspielt. Also tritt man die „Flucht nach vorne" an und lässt den Fahrerinnen und Fahrern – aber vor allem sich selbst – mit der möglichen Deaktivierung der Speedlimiter eine Hintertür offen. Begründet wird das unter anderem auch damit, die Willensfreiheit der Fahrerinnen und Fahrer nicht einschränken zu wollen. Im Umkehrschluss heißt das, die Speedlimiter sollen abschaltbar sein, um den Fahrerinnen und Fahrern die Willensfreiheit zu lassen, schneller zu fahren als erlaubt…

Lärmschutz statt Lärmvermeidung

Jahr für Jahr werden in Deutschland Abermillionen für Lärmschutzmaßnahmen ausgegeben, um die Menschen vor dem nervtötenden Straßenverkehrslärm zu schützen. Gleichzeitig kommen laute Zubehörauspuffe für Autos und Motorräder ins Land, die irgendwo in der EU ein Prüfsiegel und die ABE-Zulassung erhalten haben. Dank einer unklaren Gesetzeslage dürfen diese dann in Deutschland betrieben werden, obwohl sie die landesinternen Lärmschutz-Grenzwerte nicht erfüllen. Die Polizei hat kaum eine Möglichkeit, die lärmenden Fahrzeuge der Dezibel-Fetischisten aus dem Verkehr zu ziehen. Und die Politik bleibt tatenlos – auch wegen der starken Motorradlobby in den eigenen Reihen.

Statt Lärm zu kartieren und Grenzwerte festzulegen, sollte die Politik besser dafür sorgen, dass vermeidbarer Lärm gar nicht erst entsteht. Und dazu gehört es auch, das Betreiben von Fahrzeugen mit Zubehörauspuffen zu verbieten. Aber man tut auch hier nicht das, was naheliegend ist. Alle Beteuerungen der Politik, gegen den Straßenverkehrslärm vorzugehen, sind deshalb nichts weiter als Heuchelei. In Wahrheit schert sich die Politik einen Dreck darum, dass Millionen von Menschen Tag für Tag unter dem Verkehrslärm leiden. Solange Politik nicht vernunft- sondern lobbygesteuert ist, wird das Geschäft mit den Zubehörauspuffen weitergehen. Und solange werden Menschen unter Lärm leiden, der vorsätzlich und mit Duldung unseres Staates verursacht wird. Und solange wird man immer wieder sehen und hören: Einer wird transportiert, Tausende werden genervt...

Flucht nach vorn

Statt das Lärmproblem an der Wurzel zu packen, versucht die Politik auch hier, sich mit miesen Tricks aus der Lage herauszuwinden. Um neuen Wohnraum in städtischen Bereichen erschließen zu können, erwägt die Politik zum Beispiel die Ausweisung von sogenannten „urbanen Gebieten". Für diese Gebiete sollen dann höhere Grenzwerte für den Umgebungslärm erlaubt sein als in Kerngebieten. Das würde dann auch eine Wohnbebauung dort erlauben, wo sie bisher aus Gründen des Immissionsschutzes nicht genehmigungsfähig war. Wohnen in unmittelbarer Nähe zu lärmenden Hauptverkehrsadern und Industriegebieten wäre dann möglich. Mit „…Aussicht aufs Autobahnkreuz", wie Udo Jürgens in seinem Lied „Schöner Wohnen" gesungen hat. Es werden sich dort wohl auch viele Menschen niederlassen, aber wohl kaum die Politikerinnen und Politiker, auf deren Vorschlag hin die urbanen Gebiete zustande gekommen sind.

An nichts anderem ist die soziale Ungleichheit in unserer Gesellschaft deutlicher zu erkennen als daran, wo und unter welchen Umgebungsbedingungen die Menschen leben. Die Einführung einer neuen Kategorie von Wohngebieten, in denen der Schutz vor Umgebungslärm nur eine untergeordnete Rolle spielt, wird die soziale Spaltung weiter vorantreiben. Ein elitärer Teil der Gesellschaft geht einer bequemen und angenehmen Beschäftigung nach, wird überdurchschnittlich gut bezahlt und wohnt in lärmberuhigten Villenvierteln. Ein anderer Teil leistet schwere und ermüdende Arbeit, wird schlecht bezahlt und wohnt in verlärmter Umgebung. Eine an sozialer Gerechtigkeit orientierte Politik sollte so eine Entwicklung eigentlich verhindern. Sie tut es aber nicht – im Gegenteil. Die Politik schafft mit der Einführung urbaner Gebiete sogar die rechtliche Grundlage dafür, gewisse Teile der Bevölkerung bezüglich des Immissionsschutzes schlechter zu stellen als andere.

Maßnahmen ohne Nutzen

Lärm wirkt sich direkt und unmittelbar auf das Befinden der Menschen aus. Für die meisten Menschen ist Umgebungslärm deshalb zum Umweltproblem Nr.1 geworden. Die Politik könnte das Problem in den Griff bekommen, indem sie den Lärm dort bekämpft, wo er entsteht – beim Verursacher nämlich. Aber alle naheliegenden Lösungsansätze wie kleinere und leichtere Autos, geringere Motorleistung, Absenkung des Geschwindigkeitsniveaus, effektivere Tempokontrollen sowie empfindlichere Strafen für zu schnelles Fahren werden von unserer Lobbypolitik blockiert. Und die verpflichtende Ausstattung der Fahrzeuge mit Speedlimitern, die abschaltbar sind, ist politische Heuchelei in Reinkultur. Statt den Schwerpunkt auf Lärmvermeidung zu legen, setzt die Politik auf passive Lärmschutzmaßnahmen. Aber die dafür benötigten Lärmkarten kommen – wie schon erwähnt – auf Basis unrealistischer Prämissen zustande. Und an der zunehmenden Verlärmung unserer Welt ändert passiver Lärmschutz überhaupt nichts.

Die Politik gibt vor, alles zu tun, um die Menschen vor Lärm zu schützen. Aber das ist nicht wahr, naheliegende und effektive Maßnahmen zur Lärmvermeidung werden von einer an Lobbyinteressen ausgerichteten Politik eher verhindert. Alles, was die Politik dem Umgebungslärm entgegensetzt, ist kaum mehr als behördlicher Aktionismus und Flickwerk. Wirklich effektive und nachhaltige Maßnahmen zur Lärmvermeidung werden so gut wie nicht in Erwägung gezogen. Hieran zeigt sich unverkennbar, wofür Politik – nicht nur im Kontext der Lärmvermeidung – wirklich steht: Für Schwindel statt Konsequenz.

Fortschritt und Vernunft

Unsere Lebens- und Arbeitswelt ist kompliziert geworden. Der Tagesablauf wird von multifunktionalen Technologien bestimmt, menügesteuerte Benutzeroberflächen haben einfache Bedienungsstrukturen abgelöst. Wo man sich bisher über ein simples Telefonat verständigte, sind heute Smartphones, Tablets und mobile Apps angesagt. Das digitale Haushaltsmanagement ist selbstverständlich mit dem Internet vernetzt, und die fehlende Butter im Kühlschrank wird über das World Wide Web automatisch nachbestellt.

Schmackhaft gemacht wird uns das alles mit dem Argument der Fortschrittlichkeit und der effizienteren Zeitnutzung. Die Realität sieht anders aus. Wir verwenden schon heute einen Großteil der Tageszeit dafür, die Vielfalt des vermeintlichen Fortschritts zu organisieren. Die Technik ist längst nicht mehr Mittel zum Zweck, sie ist zum Selbstzweck geworden. Und wir nehmen das hin, gehen einem blinden Fortschrittsglauben auf den Leim.

Alle Welt spricht vom Fortschritt. Aber was ist mit diesem Begriff gemeint, wie sollte er definiert werden? Schneller, weiter, höher – das war der Fortschrittsglaube in den Zeiten des Aufschwungs und ungebremsten Wachstums. Heutzutage, angesichts der größer werdenden Energie- und Umweltprobleme, ist diese Anschauung sicher nicht mehr zeitgemäß. Der tatsächliche Fortschritt sollte sich in den sozialen und kulturellen Bereichen des menschlichen Daseins wiederfinden. Aber gerade hier verflachen unsere Ansprüche immer mehr, die Gesellschaft rückt immer weiter von den einstigen Idealen ab. Unser Sozial- und Gesundheitssystem wird zunehmend kommerzialisiert, was den humanen Prinzipien der Gesellschaft widerspricht. Moderne Musikproduktionen für die Disco- und Amüsierbranche bieten außer monotonen Rhythmen, abgemischt mit geistlosen Melodien, keine musikalischen Werte.

Viele Menschen beklagen den zunehmenden Werteverfall, konsumieren aber selbst Ramschware jeglicher Art. Dabei ist es so einfach, das Gute vom Schlechten, das Richtige vom Falschen und das Notwendige vom Überflüssigen zu trennen. Wir müssen den Wert der Dinge daran messen, inwieweit sie einen wirklichen Gewinn für unser soziales und kulturelles Leben bedeuten. Die Hebel des Fortschritts müssen funktional sein, über klare Lenkungsstrukturen verfügen und ohne Umwege auf effektive Mechanismen wirken – einfache Hebel…

Lebensqualität oder Komfort

Oft ist vom Fortschritt die Rede, gemeint ist aber meist nur ein höherer Lebensstandard. Und Lebensstandard wird dann oft auch noch mit Lebensqualität verwechselt. Und bei dem Wort Lebensqualität denken viele an einen Lebensstil, der sich an Komfort und Bequemlichkeit orientiert. Nun aber ein bequemes Leben und materiellen Wohlstand als Fortschritt aufzufassen, wäre eine recht oberflächliche Sichtweise. Politiker aber machen sich diesen Fehlschluss hin und wieder ganz bewusst zunutze. Nämlich dann, wenn sie mit billigen Versprechungen auf Stimmenfang gehen. Sie verstehen sich bestens darauf, steigenden Lebensstandard mit Fortschritt in Verbindung zu bringen.

Aber nicht alles, was mehr Komfort mit sich bringt, ist wirklicher Fortschritt. Und nicht alles, was den Menschen einen besseren Lebensstandard beschert, trägt auch zu einer höheren Lebensqualität bei. Zum Beispiel ermöglicht die Liberalisierung der Ladenöffnungszeiten den Menschen ein flexibleres Zeitmanagement, führt aber auch zur allmählichen Neutralisierung der Tageszeiten. Der natürliche Rhythmus von Tag und Nacht wird zugunsten eines Rund-um-die-Uhr-Betriebes ausgeblendet. Infolge verlagert sich das Verkehrsaufkommen – und damit auch der Verkehrslärm – auf eine Tageszeit, in der die meisten Menschen Ruhe und Entspannung vom Arbeitsalltag suchen. Ein Beispiel dafür, wie höherer Komfort mit Einbußen an wirklicher Lebensqualität erkauft wird.

Mobilität wird in unserer Gesellschaft großgeschrieben. Verstanden wird hierunter zumeist der Individualverkehr, in dem wiederum das Auto einen besonderen Stellenwert einnimmt. Vor allem Berufspendler sind häufig auf das Auto angewiesen. Das Auto macht es möglich, die mitunter großen Entfernungen zwischen Wohnort und Arbeitsstätte auf bequeme Art und Weise zu überbrücken. Aber die heutige Arbeitswelt bringt es mit sich, dass immer längere Arbeitswege in

Kauf genommen werden müssen. Zudem führt das zunehmende Verkehrsaufkommen und die damit einhergehende Überlastung des Straßennetzes dazu, dass Fahrten mit dem Auto immer mehr Zeit in Anspruch nehmen. Die oft stundenlangen Fahrten zwischen Wohnung und Arbeitsstätte gehen letztendlich auf Kosten der Lebensqualität. Und als Ausgleich für diesen Verlust gönnt man sich dann – sozusagen als Trostpflaster – ein komfortableres Auto. Ganz nach der Devise: Wenn ich meine Zeit schon im Stau auf der Autobahn verbringen muss, dann aber bitte in einem SUV… Ein passendes Beispiel dafür, wie der Verlust an Lebensqualität mit einem Mehr an Komfort wettgemacht werden soll.

Lebensqualität und Lebensstandard sind zwei verschiedene Dinge. In den beiden obigen Beispielen stehen die längere Ladenöffnungszeit und das komfortable Auto für den gehobenen Lebensstandard, die beeinträchtigte Nachtruhe und der weite Arbeitsweg für die verloren gegangene Lebensqualität. Da ist es nicht weiter verwunderlich, dass die Politik, die in der Regel wirtschaftsorientiert ist, dem Lebensstandard und dem Komfort Priorität einräumt. Erholsame Nachtruhe und kurze Arbeitswege sind dagegen weniger konsumrelevant und finden in der Politik daher kaum eine Lobby.

Der schnöde Mammon

Platon war der Ansicht, dass exzessiver Reichtum mit einem tugendhaften Leben nicht vereinbar sei. Das Vermögen reicher Bürger dürfe deshalb den Besitz ärmerer Menschen nicht mehr als um das Vierfache übersteigen. Ginge die Vermögensschere weiter auseinander, drohe die Spaltung der Gesellschaft und sozialer Unfrieden.

Leider hat die Welt von den großartigen Denkern der Antike kaum etwas gelernt. Fast 2400 Jahre nach Platons Tod leben wir jetzt in einer Welt, in der 1% der Weltbevölkerung etwa die Hälfte des weltweiten Vermögens besitzt. Topmanager von Großbanken verdienen zig Millionen pro Jahr. Hinzu kommen Boni, die ein Vielfaches des Grundgehalts ausmachen können. Der sogenannte „Kasino-Kapitalismus", der sich durch den Handel mit hochspekulativen Finanzprodukten wie Hedgefonds und Derivaten auszeichnet, macht's möglich. Josef Ackermann und Anshu Jain sollen während ihrer Zeit als Vorstandsvorsitzende der Deutschen Bank hohe zweistellige Millionenbeträge verdient haben. Oder besser gesagt, sie sollen so viel bekommen haben. Denn so eine Vergütung ist nicht etwa die angemessene Entlohnung für eine erbrachte Leistung, sondern leitet sich ab aus der Wertschöpfung für die Bank. Doch sollte sich bald zeigen, welch verheerende Folgen das Investmentbanking im Zusammenhang mit einer ungehemmten Zocker-Mentalität für die Anleger sowie für die Deutsche Bank selbst haben sollte.

Die Politik, egal welcher Couleur, hat diesen Auswüchsen nie ernsthaft entgegengewirkt. Im Gegenteil, sie lässt es zu, dass clevere Manager mit windigen und hochriskanten Finanzprodukten übersatte Gewinne machen. Auch unseriöse Finanzpraktiken wie die sogenannten Cum-Ex-Geschäfte sind von der Politik nie wirklich verurteilt, geschweige denn verboten worden. Und die Politik selbst ist ja wahrlich auch kein Beispiel für Tugendhaftigkeit. Immer wieder werden Fälle bekannt, in denen Politiker auf unehrenhafte Weise in die eigene Tasche wirtschaften. Ein ebenso aktuelles wie widerwärtiges Beispiel hierfür ist die „Maskenaffäre" im Zuge der Corona-Pandemie. Einige Politiker von CDU und CSU kassierten für die Vermittlung von Geschäften mit Corona-Schutzmasken Provisionen in Millionenhöhe. Allein Georg Nüßlein, Ex-Bundestagsabgeordneter und von 2014 bis März 2021 stellvertretender Fraktionsvorsitzender der CDU/CSU-Bundestagsfraktion, soll für eine Vermittlungstätigkeit 660.000 Euro gefordert haben [Tagesspiegel 26.02.21]. Das muss man sich mal vorstellen: Da verdient ein Politiker mit einigen Telefonaten so viel Geld, für das ein Facharbeiter an der Werkbank 15 Jahre arbeiten muss.

Die Kluft zwischen Arm und Reich wird immer größer, und dieser Trend wird sich mehr und mehr globalisieren. In der Gesellschaft hat sich eine elitäre Minderheit etabliert, deren Einkommen in keinem Verhältnis zur erbrachten Leistung steht, deren Vermögen aber stetig wächst. Und das auf Kosten einer Mehrheit, die hart arbeitet, deren reales Einkommen aber eher sinkt. Das führt in der Bevölkerung zu wachsendem Unmut, der sich irgendwann Bahn brechen wird – wie schon so oft in der Geschichte…

Was die ungleichmäßige Verteilung der Güter betrifft, sind sich Sozialismus und Kapitalismus übrigens sehr ähnlich. Im Sozialismus gehört den meisten Menschen fast nichts, im Kapitalismus gehört wenigen Menschen fast alles. Das kommt so ziemlich auf das Gleiche heraus – zwei Seiten derselben Medaille. In beiden Systemen bestimmen die Vermögenden über Wirtschaft und Politik. In beiden Systemen stehen die weniger Begüterten am Fließband und ackern auf den Feldern. Und in beiden Systemen profitiert eine elitäre Minderheit von der Produktivität der schaffenden Mehrheit.

Traum und Wirklichkeit

Wo spielen Kinder am liebsten? Wahrscheinlich dort, wo wir als Kinder auch am liebsten gespielt haben: Im hohen Gras, im Knick, im Wald. Kinder mögen überall dort gerne sein, wo es etwas zu entdecken gibt. Sie halten nicht Ausschau nach einem gepflegten, englischen Rasen, sondern nach Wiesen mit Wildblumen und Löwenzahn. Früher, auf dem Dorfe, waren die Kinder nach der Schule oft auf dem nachbarlichen Bauernhof zu finden. Hier gab es immer etwas zu sehen: Tiere, Maschinen und natürlich den Trecker, auf dem man nur allzu gerne mitfuhr. Hier konnten die Kinder alles das tun, was Kinder nun mal gerne mögen: Auf der Wiese herumtollen, Tiere streicheln, sich im Heu verstecken, Geheimnisse für sich behalten und – träumen...

Als Gegenentwurf zur unbeschwerten Kindheit auf dem Lande hat sich dann aber die Betreuung der Kinder in Kindergärten bzw. Kindertagesstätten durchgesetzt. Hier verbringen Kinder den wohl wichtigsten Teil ihres jungen Lebens in plastikbunten Freilauf-Spielgehegen, wo ihnen unter ständiger Aufsicht nur wenig Freiraum zum Träumen bleibt. Die kindliche Neugier und der damit verbundene Erkundungsdrang können sich hier wohl kaum frei entfalten. Begründet werden solche Einrichtungen mit der angeblichen Notwendigkeit der frühkindlichen Bildung. Doch das politische Interesse an der ganztägigen Verwahrung der Kinder gilt wohl eher den höheren Steuereinnahmen, die sich einstellen, wenn beide Elternteile einer steuerpflichtigen Tätigkeit nachgehen.

Mit der Einführung der frühkindlichen Bildung ist das Träumen aus dem Kinderalltag weitestgehend verbannt worden. Dabei sind es doch die gedankenversunkenen Träume, aus denen Kinder ihre ersten Lebensentwürfe ableiten. Die allermeisten Menschen, die in ihrem Leben Hervorragendes geleistet haben, waren sich schon sehr früh über ihren beruflichen Weg im Klaren. So hatte der Zoologe Heini Hediger herausgefunden, dass fast alle großen Biologen bereits vor ihrem fünften Lebensjahr ihre berufliche Bestimmung entdeckt hatten. Und Konrad Lorenz sagte, dass man einen angehenden Naturforscher daran erkennen könne, dass er schon als Kind Molche und Würmer vom Spaziergang mit nach Hause bringt.

Frühe Forscherambitionen können sich allerdings nur dann günstig auf die Entwicklung eines Kindes auswirken, wenn sie im Elternhaus erkannt und – fast noch wichtiger – toleriert werden. Welches Kind darf denn schon Molche und Würmer mit nach Hause, geschweige denn mit ins Haus bringen. Das ist meistens schon mit dem Reinlichkeits- und Hygienedenken der Erwachsenenwelt nicht vereinbar. Oder da lehnt eine Mutter den Wunsch ihrer Tochter nach einer Katze mit der Begründung ab, dass sie das in ihrer Unabhängigkeit einschränken würde – auch keine gute Basis für die natürliche Entwicklung eines Kindes. Dieser Mutter sei gesagt: Unabhängigkeit bedeutet erst einmal, sich frei entscheiden zu können, welchen Dingen man sich im Leben widmen will. Sich keinen Dingen zu widmen, ist keine Unabhängigkeit, sondern vertane Lebenszeit.

Heutzutage wachsen Kinder in einer zunehmend entzauberten Welt auf. Man beraubt sie schon sehr früh ihrer Träume, um sie stattdessen an ein organisiertes „Leben nach Plan" zu gewöhnen. Nur noch selten ist zu beobachten, dass Kinder selbstvergessen in Regenpfützen herumplanschen und so ihre ersten Lebenserfahrungen machen. Und auch die winterlichen Eisblumen am Fenster, in denen faszinierte Kinderaugen ganze Märchenwälder entdecken konnten, gibt es nicht mehr. Mit dem Aufkommen moderner Fenster mit Isolierverglasung sind auch diese Phantasiewelten der Kindheit entzaubert worden.

Spätestens mit Beginn der Schulzeit erklärt man Kindern dann, dass sie nun fleißig lernen müssten, um später einmal viel Geld verdienen zu können. Frühzeitig macht man ihnen den Zusammenhang von Bildung und Wohlstand klar. Doch statt den Lernzweck auf

reinen Gelderwerb zu reduzieren, wäre es wohl sinnvoller, Kindern erworbenes Wissen als „Wert an sich"
begreiflich zu machen. Die Frage nach dem „schnöden
Mammon" sollte immer nur eine untergeordnete Rolle
spielen.

Das gilt auch für den Besuch von Universitäten und
Hochschulen. Gerade diese Einrichtungen dienen in
erster Linie der Wissenschaft und der Wissensvermittlung. Es ist ein weit verbreiteter Irrtum, aus einem absolvierten Studium ergebe sich automatisch der Anspruch auf eine hoch bezahlte Beschäftigung. Die
Inschrift über dem Eingangsportal der Universität
Hamburg lautet:

DER FORSCHUNG / DER LEHRE / DER BILDUNG

Da steht nicht: Der Karriere…

Wird die Welt besser?

Immer hat der Mensch versucht, die Natur seiner Vorstellung anzupassen. Nie ist er auf die Idee gekommen,
sich in seiner Lebensweise der Natur anzupassen. Eine
Ausnahme machen hier die Naturvölker. Aber viele
Menschen der industrialisierten Zivilisation verstehen
unter dem Begriff „Pflege der Natur" nur die Pflege der
eigenen Ordnungsvorstellung. Pflege der Natur bedeutet aber vielmehr, dafür Sorge zu tragen, dass sich die
Natur möglichst ungestört von zivilisatorischen Einflüssen entwickeln kann.

Einige Menschen legen ein sonderbares Verhalten an den Tag. Jeden Käfer zertreten sie, jede Spinne schlagen sie tot – welch armselige Geisteshaltung. Die Natur für sich selbst kennt keinen Wert. Die vielfältigen Erscheinungsformen, in denen sie sich zeigt, sind weder gut noch schlecht, sondern nur faktisch. Aber der Mensch maßt sich an, über Wert und Unwert der natürlichen Dinge zu urteilen. Alles, was ihm nicht nützt, sieht er als überflüssig an. Und alles, was ihm hinderlich erscheint, räumt er aus dem Weg. Sein wirkliches Verständnis für die Natur geht über die Pflege des eigenen Vorgartens meistens nicht hinaus.

Ja, der Mensch ist vernunftbegabt, aber nur dem Vermögen nach. Solange im täglichen Leben alles nach Plan läuft, gibt man sich gerne souverän. Trifft man auf seinem Weg aber auf Hindernisse oder findet hinsichtlich seines Schaffens keine optimalen Bedingungen vor, ist es mit der Vernunft schnell vorbei. Der Mensch wird ungeduldig und reagiert irrational.

Auch Respektlosigkeit im Umgang mit anderen Menschen bzw. deren Eigentum geht meist auf mangelnde Vernunft zurück. Wen man nicht kennt, lässt man Abneigung und Intoleranz spüren. Was einem nicht selbst gehört, tritt man mit Füßen. Es ist erschreckend, wie Rücksichtslosigkeit und Gleichgültigkeit in der Gesellschaft um sich greifen.

„Ich denke, also bin ich" – ein berühmt gewordener Satz des Philosophen René Descartes. Diese Erkenntnis war für ihn das Ergebnis seiner Suche nach einer Gewissheit, die über alle Zweifel erhaben ist. Allerdings gilt dieser Lehrsatz nicht im Umkehrschluss. Dass der

Mensch da ist, heißt noch lange nicht, dass er auch denkt. Daran haben auch Denkfabriken und Exzellenzinitiativen nichts geändert. Es gibt Menschen, die ihr geistiges Dasein allein über ihre schlichte physische Existenz definieren.

Entgegen der allgemeinen Einschätzung ist nicht zu erkennen, dass die Welt besser geworden ist. Wie sollte auch, denn die Menschen sind nicht klüger geworden. Im Gegenteil, es sieht ganz so aus, als hätte die menschliche Zivilisation ihren sozialen und kulturellen Zenit bereits überschritten. Die Schere zwischen Arm und Reich öffnet sich immer weiter, die Auswirkungen der wirtschaftlichen Schieflage wird die Welt vor große Probleme stellen. Es gibt Völker, die im Vergleich zu den westlichen Nationen bitterarm sind. Weil wir ein viel zu großes Stück vom globalen Wohlstandskuchen beanspruchen, müssen Menschen in anderen Teilen der Welt mit viel zu wenig auskommen. Und die Politik tut meistens genau das Gegenteil von dem, was die Menschheit wirklich voranbringen würde.

An nichts anderem zeigt sich die Unvernunft der Menschen so deutlich wie daran, Konflikte unter Völkern mit Mitteln des Krieges lösen zu wollen. Aber Menschen gegen Menschen kämpfen zu lassen – durch welche Verfassung oder welches Gesetz auch immer legitimiert – ist im Grunde genommen durch nichts zu rechtfertigen.

Solange es auf der Welt politische Systeme gibt, die sich als einzig richtige definieren, wird es immer wieder zu Kriegen kommen. Und solange sich Menschen in ihren persönlichen, kulturellen und religiösen Andersartigkeiten nicht respektieren, kann es keinen dauerhaften Frieden geben.

Der Astronom und Mathematiker Johannes Kepler schreibt 1621, während des Dreißigjährigen Krieges, in der Dedikation zur zweiten Ausgabe des „Mysterium Cosmographicum":

> *„Während des Bürgerkrieges in Griechenland benutzte Plato die Gelegenheit, der Bevölkerung einen heilsamen Ratschlag zu geben: Apollo hat prophezeit, dass Griechenland nur dann wieder zum Frieden kommen wird, wenn die Griechen sich der Geometrie und anderen philosophischen Studien zuwenden; denn diese Studien, so sagte er, lenken den Geist ab von übertriebenem Ehrgeiz und anderen Leidenschaften, aus denen Krieg und andere Übel entstehen, und lenken ihn hin zu Liebe, Frieden und Mäßigung in allen Dingen."*

Wir Menschen können nichts Besseres tun, als diesen Rat zu beherzigen.

*Für die hilfreiche Unterstützung und so manchen guten Rat
möchte ich mich bei*

> *Barbara Janssen,*
> *Ulli Krause,*
> *Egidio Pasciullo,*
> *und Thomas Prünte*

herzlich bedanken.